やさしいスチューデントトレーナーシリーズ
5

新 スポーツ栄養学

一般社団法人
メディカル・フィットネス協会 監修

井奥加奈 編
清瀬千佳子
篠原久枝
鉄口宗弘
吉内佐和子
東根裕子
村田浩子

嵯峨野書院

監修にあたって

　野球，サッカー，テニスなど数多くのスポーツにおいて，日本人のスポーツ選手が世界レベルで活躍しています．このように一流とよばれるトップアスリートは，自分自身の健康管理はもちろんのこと，スポーツ医科学の知識も理解しているものと考えられます．

　今後は，次代を担う青少年のスポーツ選手たちにも期待がかかります．このようなスポーツ選手に限らず，多くの一般スポーツ実践者においても，正しいトレーニング指導だけではなく，健康管理，傷害予防，救急処置などの適切な対応が必要となります．そこで，幅広い知識・技術を習得したスポーツトレーナーが地域スポーツの現場で活躍することは，そのスポーツの発展にも寄与することとなり得ます．

　メディカル・フィットネス協会は，1998（平成10）年から『スチューデントトレーナー』という資格認定制度を実施し，多くの地域スポーツ現場で活躍する人材を輩出してきました．メディカル・フィットネス協会認定スチューデントトレーナーとは，スポーツトレーナーとしての専門的な知識，技術を習得した指導者に与えられる資格であり，トレーナー活動を通じて幅広くスポーツ選手のサポートをするのに必要な資格といえます．

　現在では初級・中級・上級という三段階の資格制度とし，よりきめ細かな人材育成に取り組んでおります．さらに効果的な「健康づくり」の実現のために，医療分野と運動分野を結び付けて，全ての人々に対応できる運動習慣の普及と推進，指導者の育成と教育の充実を目的に活動しております．

　当協会では，2002（平成14）年に初版を発行し，再版を重ねてきました「やさしいスチューデントトレーナーシリーズ」全9巻（①スポーツ社会学，②スポーツ心理学，③スポーツ生理学，④スポーツ医学，⑤スポーツ栄養学，⑥スポーツ指導論，⑦アスレティック・リハビリテーション，⑧コンディショニング，⑨テーピング）を，時代の変化に対応するため，専門分野に精通しておられる大学教授の先生方に編集をお願いし，このほど新シリーズとして刊行するに至りました．

　最後に，内容を一新した本書が今後とも多くの方々に広く活用され，スポーツの発展に役立てられることを期待しています．

2015（平成27）年

　　　　　　　　　　　　　　　　　　　　　一般社団法人　メディカル・フィットネス協会

はじめに

　健康づくりには「栄養」と「運動」，「休養」の適切なバランスが重要です。運動やスポーツをするための身体づくりには，適切な質と量，そしてタイミングを得た食事が欠かせません。また，運動やスポーツに特化しすぎた食事も成長発達段階をはじめとするライフステージに適切と言い切れない場合があります。健康づくりのための食事を基礎として，競技成績をより向上させるためにプラスアルファした食事がスポーツのための食事です。

　しかしながら，現代の日本はコンビニエンスストアやネット通販などといった流通網が非常に発達しているので，いつでもそれなりにおいしいものが食べられる状況にあるようです。そのせいか，食事に対する意識は非常に多様化しています。2015年4月から機能性表示食品という新たなカテゴリーが作られ，従来の特定保健用食品や栄養機能食品なども含めて，氾濫している情報は健康に特化し，専門的になっているにもかかわらず，基礎的な内容をないがしろにしている人は少なくないのではないでしょうか。

　本書では，スポーツトレーナーとして理解しておくべき栄養学の基礎的事項からスポーツのための栄養学，競技力向上のための食事のあり方をわかりやすく解説する，という初版『スポーツ栄養学』の目的をそのまま維持し，さらに最新の栄養情報などを盛り込んでいます。トップアスリートを目指す子どもたちや健康づくりのためにスポーツを楽しむ社会人，トップアスリートをささえるトレーナーとして，また，子どもたちや社会人を指導する教員・監督のためのスポーツ栄養学の手引書として，これまでの『スポーツ栄養学』と同様に活用していただければと思います。

　最後になりましたが，本書を刊行するにあたり，甚大なるご支援を賜りました奥田豊子先生，三村寛一先生，共著者の諸先生方，また，平山さま，小川さまをはじめ嵯峨野書院の皆様に深く感謝します。ありがとうございました。

2016（平成28）年2月

井　奥　加　奈

● 目　　次 ●

監修にあたって……………………………………………………………………………… i
は じ め に………………………………………………………………………………… iii

第1章　食事設計と健康　　1

❶　食事設計の必要性……………………………………………………………………1
❷　現代の日本の食生活において配慮すべき項目……………………………………2
　　（1）外食，中食と内食　2
　　（2）食 品 表 示　3
　　（3）食物アレルギーと運動　5
❸　偏食と行動変容………………………………………………………………………8
　　ま　と　め………………………………………………………………………………11

第2章　栄養と運動　　12

❶　栄養の概念……………………………………………………………………………12
❷　エネルギー源となる栄養素…………………………………………………………13
　　（1）糖　　質　13
　　（2）脂質およびタンパク質　14
❸　エネルギー産生栄養素バランス……………………………………………………16
❹　身体をつくる栄養素と体の機能を調整する栄養素………………………………18
　　（1）タンパク質の代謝と機能　18
　　（2）ビタミンの代謝と機能　20
　　（3）ミネラルの代謝と機能　22
❺　食品の機能性成分……………………………………………………………………26
　　（1）食物繊維とその機能　27
　　（2）活性酸素消去物質（抗酸化性物質）　29
　　（3）健康に配慮した食品　30
　　ま　と　め………………………………………………………………………………34

第3章　栄養素の消化・吸収　　35

❶ 消化器系の構造と機能……………………………………………36
　（1）舌，歯，唾液腺からなる口腔　36
　（2）咽頭は食物が入ると嚥下反射　37
　（3）食道は食物を胃に移送　37
　（4）胃は食物塊を貯めておく広場　37
　（5）小腸の表面積はテニスコートの広さ　38
　（6）大腸は盲腸，直腸，回腸　38
　（7）肝臓は胆汁を分泌　38
　（8）膵臓は膵液とホルモンを分泌　39

❷ 消化管における消化・吸収………………………………………39
　（1）口腔内消化　39
　（2）食物を消化粥とする胃　40
　（3）小腸は消化と吸収の接点　41
　（4）大腸は水やミネラルを吸収　43

❸ 栄養素の消化・吸収………………………………………………43
　（1）糖質は単糖として吸収　43
　（2）脂質の消化・吸収には胆汁酸が不可欠　44
　（3）タンパク質はアミノ酸として吸収　45

❹ 摂食行動は脳で調節………………………………………………46
　ま　と　め…………………………………………………………47

第4章　エネルギー代謝と身体活動　　48

❶ エネルギー代謝……………………………………………………48
　（1）食品のもつエネルギー　48
　（2）身体活動のエネルギー　49
　（3）エネルギー供給系とスポーツ種目　50

❷ 1日で消費するエネルギー量……………………………………51
　（1）基礎代謝量（BMR）　52
　（2）食事誘発性体熱産生（DIT）　52
　（3）活動代謝量（PAEE）　53

❸ エネルギー消費量の評価方法……………………………………………54
　（1）直接熱量測定法　54
　（2）間接熱量測定法　56
❹ 健康づくりのための身体活動……………………………………………59
　（1）18〜64歳の基準　60
　（2）すべての世代に共通する方向性　60
❺ アスリートのエネルギー消費量と種目特性……………………………61
　ま　と　め…………………………………………………………………64

第5章　日本人の食事摂取基準　　　65

❶ 食事摂取基準とは…………………………………………………………65
❷ 日本人の食事摂取基準［2015年版］……………………………………65
　（1）策　定　方　針　65
　（2）指標の目的と種類　66
　（3）推定エネルギー必要量　69
　（4）脂質の食事摂取基準　69
　（5）タンパク質の食事摂取基準　71
　（6）ビタミン・ミネラルの食事摂取基準　72
❸ 運動時の食事摂取基準……………………………………………………73
　（1）エネルギー　73
　（2）脂　　質　73
　（3）タンパク質　74
　（4）ビタミン・ミネラル　75
❹ 食事管理の実際──食事バランスガイドの活用………………………75
　ま　と　め…………………………………………………………………79

第6章　肥満と身体組成　　　80

❶ 肥満の定義とメカニズム・評価・BMI…………………………………80
❷ アスリートの身体組成……………………………………………………83
❸ 食べるタイミングと肥満…………………………………………………84
❹ 生活習慣病と肥満…………………………………………………………85
　（1）エネルギー　86

- （2） 食べ方　87
- （3） 間食（補食）　87

❺ 食行動のクセやズレ，行動変容……………………………………………87
まとめ……………………………………………………………………94

第7章　スポーツのための食事学——中学・高校生の成長期のアスリートに向けて　95

❶ トレーニングにおける栄養管理……………………………………………95
- （1） トレーニングとエネルギー源としての栄養素のかかわり　95
- （2） トレーニングと食事計画　97
- （3） トレーニングにおける体づくりと栄養のかかわり　104

❷ 試合期における食事および栄養管理………………………………………109
- （1） 試合前の食事および栄養管理　109
- （2） 試合当日　115
- （3） 試合およびレース中　116
- （4） 試合後　116
- （5） 試合間（1日2試合）　117

❸ 遠征時における栄養管理……………………………………………………117
- （1） 遠征時の食事計画　117
- （2） 宿泊先での食事内容の調整　118
- （3） コンビニエンスストアおよびスーパーなどの上手な利用　120

❹ スポーツにともなう栄養障害………………………………………………121
- （1） ジュニアアスリートと貧血——鉄欠乏性貧血　121
- （2） Relative Energy Deficiency in Sports（REDs）　123
- （3） 摂食障害　124
- （4） 無月経（運動性無月経）　125
- （5） 骨粗しょう症と疲労骨折　126
- （6） タンパク質の過剰摂取　126
- （7） 食物依存性運動誘発アナフィラキシー　127

❺ スポーツ栄養マネジメント…………………………………………………128
- （1） 対象者と目的　128
- （2） 栄養サポートとは　128
- （3） スポーツ栄養マネジメントの流れ　129
- （4） 栄養サポートの実施例——大学柔道部女子の場合　129

- ❻ ジュニアアスリートのウエイトコントロール……………………………131
  - （1） ジュニアアスリートにおけるウエイトコントロールの現状　131
  - （2） ウエイトコントロールのための身体組成の評価　132
  - （3） ジュニアアスリートと減量について　135
  - （4） 大学生アスリートの減量例　135
  - （5） ジュニアアスリートと増量について　136
  - （6） 大学生アスリートの増量例　137
  - （7） 減量および増量のための食事について　138
- ❼ ライフステージ別アスリートの食事のポイント……………………………140
  - （1） 小　学　生　140
  - （2） 中　学　生　142
  - （3） 高　校　生　142
- ❽ スポーツとサプリメント………………………………………………143
  - （1） 競技力向上とサプリメント　144
  - （2） サプリメントの適切な摂取について　144
- ま　と　め……………………………………………………………………147

第8章　水 分 補 給　　148

- ❶ 水分の体内機能と必要量………………………………………………148
- ❷ 体温調節と暑熱環境に対する順化（適応）……………………………149
- ❸ 熱中症とその対応………………………………………………………151
- ❹ 運動時の水分摂取………………………………………………………153
- ❺ 運動の種類とスポーツドリンク………………………………………154
- ま　と　め……………………………………………………………………157

巻 末 資 料…………………………………………………………………………158
重要語句集…………………………………………………………………………169

第1章 食事設計と健康

1 食事設計の必要性

　2010（平成22）年にIOC（国際オリンピック委員会）が発表した「スポーツ栄養に関する合意声明」にあるとおり，アスリートの競技成績には食事が大きく影響する。また，根拠に基づいた食事の量や質，タイミングに関する指針は練習効果を高めたり障害を防止したりするのに役立つ[1]。それらは特に一流のアスリートに限ったことではなく，学校の体育系クラブに所属する人や，健康維持を目的としてウォーキングやストレッチなどに汗を流す人にとっても効果的な栄養のとり方であることがわかってきた。「**スポーツ栄養学**」は，「運動やスポーツによって身体活動量が多い人に対して必要な栄養学的理論・知識・スキルを体系化したもの」[2]と定義される栄養学である。スポーツは競技であり，勝つために行われるものであるのに対し，運動は主に健康維持のために行われるものであるから，厳密には異なる性質のものであるが，日常的な生活よりも**身体活動量**（「身体活動の強さ」×「行った時間」）が多い点で，両者は同じであると考えて，栄養のとり方等に関しては同じように扱う。食べる人の満足度と**QOL**（Quality of life：生活の質）の向上を目的とし，科学的根拠に基づく栄養学の観点から食べる人の栄養アセスメントに基づいた食事・食品・栄養・調理・供食・健康・評価・フィードバックを要素とするプログラムを**食事設計**とよぶ[3]。運動やスポーツを意識した食事

― スポーツ栄養学

― 身体活動量

― QOL

― 食事設計

【身体活動量が中程度～少ない】
健康維持増進・生活習慣病予防のための身体組成に合わせた食事管理と栄養学

【身体活動量が多い】
種目特性（体重管理を含む）や身体活動量に合わせた食事管理と栄養学

● 図1-1 ●　身体活動量別にみたスポーツ栄養学のイメージ

設計とは，サプリメントなどの積極的な活用をするという意味ではなく，健康に配慮した食事を意識しながら競技種目の特性や試合などに合わせて食事を組み立てることを指す。特に成長期にあたる10代のアスリートは自分の身体の発達を優先させながら食事設計を考えるほうが望ましい。

2 現代の日本の食生活において配慮すべき項目

（1） 外食，中食と内食

「**外食**」は，レストランや食堂など外で食事をとることを指す言葉である。それに対して，家庭で材料を調達し，調理して食事を調えて食べることを「**内食**」，惣菜やパン，弁当などを購入して家などで食べることを「**中食**」とよぶ。近年では中食の割合も増え，昼食を中食や外食ですませる人の割合は週3～4回以上が約30％を占めるようになった。また，男性や20歳代の中食・外食利用率は40％近い（図1-2）。加工食品や外食には栄養表示もあるので，栄養管理はしやすいものの，野菜類・海藻類など摂取不足になりやすい食品群がある点に注意が必要である。また，中食や外食の利用は経済的に負担がかかる場合もある。最初は調理に手間感を感じるかもしれないが，内食を中心に食事設計を行う

外食
内食
中食

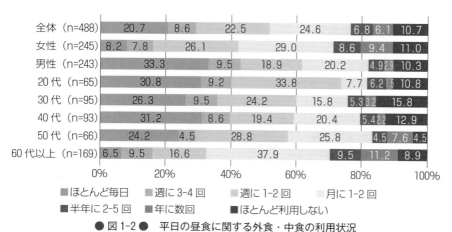

● 図 1-2 ● 平日の昼食に関する外食・中食の利用状況

出典：東京都生活文化局・平成24年度第1回インターネット都政モニターアンケート『食生活データ総合統計年報』三冬社，2014年，p.186

ことは，食事への興味関心を高め，栄養バランスを整えるのに役立つ。

(2) 食品表示

　大半の食品や添加物には食品表示があり，2015（平成27）年4月に施行された**食品表示法**により消費者庁が管理している。食品の表示は，主に健康増進法（栄養成分表示など）と食品衛生法（添加物，食物アレルギー表示など），JAS法（原材料名表記など）の3つの法律により規制されていたが，食品表示に関する部分を集約して「食品表示法」という法律にまとめられた。消費者が生鮮食品や加工食品などを購入する際には，原材料名・生産者表示だけでなく，「**期限表示**」，「**（食物）アレルギー表示**」，「**栄養成分表示**」といった表示を確認することが多い。1つひとつの表示を正確に理解することで目的にあう適切な食品を選ぶことができるようになる。

　期限表示には「**賞味期限**」と「**消費期限**」があるが，表1-1に示したように品質保持期間が長い食品の場合は省略可能になっている。また，賞味期限は，「おいしく食べられる期限」であり，これを過ぎた場合でもその食品の品質が保持されていることがあるものとすることが記載された。一方，消費期限はおいしさに重点をおいた期限ではなく，「安全に食べられる期限」である。

　食品表示法では，食品表示を「加工食品」「生鮮食品」「添加物」の3つに分類して定めており，名称や原産地，保存方法，内容量，解凍・生の区別，製造業者住所などが記載されている。加工食品では，さらに食品添加物名，原産国，原材料名などが追記されるが，食品表示法によって栄養成分表示が義務化され，特定加工食品およびその拡大表記が廃止された。加工食品は5年をめどに，生鮮食品は1年6ヵ月をめどに食品表示法に合わせた表示に順次切り替えられる。

　栄養成分表示は健康増進法により加工食品に記載される。記載項目は

（余白注）
食品表示法

期限表示
食物アレルギー表示
栄養成分表示

賞味期限
消費期限

● 表1-1 ● 加工食品と期限表示

対象食品	表示名称	表示方法	食品例
1. 食品の変化が急速で速やかに消費すべき食品	消費期限	年月日	食肉，魚介類，惣菜，弁当，生菓子など
2. 品質が保たれるのが3ヵ月以内の食品	賞味期限	年月日	ハム・ソーセージ，バター，チーズ，カマボコなど
3. 品質が保たれるのが3ヵ月を超える食品	賞味期限	年月日か年月	炭酸飲料，植物油，調理冷凍食品など
4. 品質が保たれるのが数年以上の食品	省略可	省略可	砂糖，塩，チューインガム，アイスクリームなど

出典：國崎直道・西塔正孝編著『食べ物と健康――食品の栄養成分と加工』同文書院，2014年，p.228を筆者一部改変

● 図 1-3 ●　トンカツ弁当の栄養成分表示例

図 1-3 に示したように「熱量（エネルギー）」，「タンパク質」，「脂質」，「炭水化物」「食塩相当量（ナトリウム）」が表示必須項目である。炭水化物という場合は糖質と食物繊維の合計を指す。場合によっては，カルシウムや鉄など，その他の栄養成分が記載されている場合もある。原材料に含まれる栄養成分には個体差などもあるため，栄養成分表示は，数値±20％までが許容範囲として認められている。栄養成分表示を確認する場合は，その単位に注意したい。たとえば，500 ml の清涼飲料水の栄養成分表示が「100 ml あたり」になっている場合，500 ml を摂取すると表示の 5 倍量に相当する栄養成分を実際に摂取していることになる。なお，小規模事業者の商品や業務用食品の販売事業者，食品関連事業者以外の販売者は栄養成分の量を表示しなくてもよいので，加工食品のなかには栄養成分表示がないものもある。包装がコンパクトで表示できない商品の場合には食品表示法の適用外になる場合もある。また，外食チェーンの一部はメニューや Web サイト上に栄養成分などに関する情報を公開している。

　強調表示は，熱量や特定の栄養成分等について，その含有量が高い（低い），含む（含まない），強化された（低減・カットされた）ことを強調するような表示を指す。「ノンカロリー」，「カルシウム 1.5 倍強化（当社比）」などの表示が強調表示である。基準値は健康増進法によって決められている。それによると，たとえば「ノンカロリー」と表示できる食品は，食品 100 g（一般に飲用する液状の食品 100 ml）あたり 5 kcal 未満の熱量をもつ食品であり，「低カロリー」と表示できる食品には食品 100 g あたり 40 cal 未満（一般に飲用する液状の食品 100 ml あたり 20 kcal 未満）の熱量が含まれている。強調表示につられて過食しないように注

強調表示

意したい。

　食物アレルギー表示は食品衛生法により重篤な症状（アナフィラキシーショックなど）を示すことが多い食品（**特定原材料**）を含むものに表示が義務づけられている。表1-2にあげたパンやマヨネーズのように、特定原材料の有無がわかりやすいとされる加工食品（特定加工食品）に対してはアレルギー表示が義務づけられていなかったが、新しい食品表示法ではこれらにもアレルギー表示が義務化された。特定原材料ほどではないが、重篤な症状を示す事例が多い食品を**特定原材料に準じる食品**とよぶ。この食品にはアレルギー表示が義務づけられていないので、アレルギーがある場合は原材料名などの確認が必要不可欠である。食物アレルギーを起こす原因食物を**アレルゲン**とよぶ。特定原材料や特定原材料に準じる食品に認定されるアレルゲンは新たに増えることもある。常に最新の情報を把握しなければならない。

食物アレルギー表示

特定原材料

特定原材料に準じる食品

アレルゲン

● 表1-2 ● 加工食品に対して表示義務および表示が推奨されている食品

名称	表示義務	食品名	特定加工（食品）食品の例***
特定原材料（7品目）	あり	卵，乳（牛乳および乳製品），小麦（小麦粉），そば，ピーナッツ（らっかせい），えび，かに	マヨネーズ（卵），ヨーグルト・生クリーム（乳），パン・うどん（小麦），日本そば（そば），ピーナッツバター（ピーナッツ），さくらえび（えび）
特定原材料に準じるもの（20品目）	推奨	あわび，いか，いくら，オレンジ*，カシューナッツ，キウイフルーツ，バナナ，牛肉，くるみ，さけ（鮭），ごま，さば，大豆，鶏肉，豚肉，松茸，もも（桃），やまのいも，りんご，ゼラチン**	するめ（いか），くるみパン（くるみ），鮭フレーク（さけ），桃缶詰（もも），とろろ（やまのいも），りんご酢（りんご），しょうゆ・豆腐（大豆），ポークウインナー（豚肉）

注：＊オレンジはうんしゅうみかんをのぞく。
　　＊＊ゼラチンは、原材料に豚や牛のアキレス腱を用いることがある。
　　＊＊＊食品表示法により、加工食品は5年、生鮮食品は1年6ヵ月の移行措置期間があるものの特定加工食品は廃止された。

(3) 食物アレルギーと運動

　食物アレルギーは、近年、乳幼児や10歳代の子どもだけでなく、成人にも増えている（表1-3）。鶏卵や乳、小麦が**三大アレルゲン**といわれているが、こういったアレルギーは最低限の除去を続けることで、成長にともない寛解する（アレルギー反応が起こらなくなる）ことも多い。アレルギーの原因物質がタンパク質であることから、しょうゆや納豆のように発酵させたり卵焼きのように加熱したりすればタンパク質が変性してアレルギー反応を起こさないようになる事例もある。逆に、ピーナッ

三大アレルゲン

● 表1-3 ● 年齢別食物アレルギーの原因食品

年齢群 症例数	0歳 1270	1歳 699	2-3歳 594	4-6歳 454	7-19歳 499	20歳以上 366	合計 3882
1位	鶏卵 62.1%	鶏卵 44.6%	鶏卵 30.1%	鶏卵 23.3%	甲殻類 16.0%	甲殻類 18.0%	鶏卵 38.3%
2位	牛乳 20.1%	牛乳 15.9%	牛乳 19.7%	牛乳 18.5%	鶏卵 15.2%	小麦 14.8%	牛乳 15.9%
3位	小麦 7.1%	小麦 7.0%	小麦 7.7%	甲殻類 9.0%	そば 10.8%	果物類 12.8%	小麦 8.0%
4位		魚卵 6.7%	ピーナッツ 5.2%	果物類 8.8%	小麦 9.6%	魚類 11.2%	甲殻類 6.2%
5位			甲殻類・ 果物類 5.1%	ピーナッツ 6.2%	果物類 9.0%	そば 7.1%	果物類 6.0%
6位				そば 5.9%	牛乳 8.2%	鶏卵 6.6%	そば 4.6%
7位				小麦 5.3%	魚類 7.4%		魚類 4.4%

出典：日本小児アレルギー学会食物アレルギー委員会作成「食物アレルギー診療ガイドライン2012 ダイジェスト版」第2章（URL：http://www.jspaci.jp/jpgfa2012/index.html）

ツのように加熱することでアレルギー性が高くなったり，2日ほど前にこぼれた牛乳をふいて洗っておいた雑巾や，ソバ殻の枕をさわっただけでアナフィラキシーが起きたりすることもある。重篤な症状をもつ子どもはアドレナリン自己注射（**エピペン®**）を持参することもあるので，周囲の理解と協力が必要である。学校に対してはアレルゲンの有無について記載した「**学校生活管理指導表（アレルギー疾患用）**」（学校保健会作成，Webサイトに掲載）を毎年提出するよう求められているが，義務ではないので，自治体によっては独自の調査表を配布して食物アレルギーの管理をしている。アレルギー症状と似たものにアトピー（皮膚の発赤：皮膚が赤くなること）やぜんそく，咽頭部（のどの奥）の掻痒感（かゆみ）があげられる。食物アレルギーにより起きる症状を表1-4にまとめた。ぜんそくをもつ子どもの場合，その症状がアレルギーなのかぜんそくなのか判断しにくいこともある。健康にかかわる問題に関する対策を考える場合は養護教諭や栄養教諭，公認スポーツ栄養士，学校医，専門医といった専門家の支援をもとめ，保護者も含めて対応を考えなければならない。

成人では，えびやかになどの甲殻類やキウイフルーツのような果物類，また，花粉症（鼻アレルギー）との交差反応により生じるトマトやほう

● 表 1-4 ●　食物アレルギーの症状とグレード分類

グレード	皮膚	消化器	呼吸器	循環器	神経
1	〈限局性〉掻痒感，発赤，じんましん，血管性浮腫	口腔の掻痒感・違和感，口唇腫脹	咽頭の掻痒感や違和感	（－）	（－）
2	〈全身性〉掻痒感，発赤，じんましん，血管性浮腫	嘔気，1-2回の嘔吐・下痢，一過性の腹痛	軽度の鼻閉，鼻汁，1-2回のくしゃみ，単発の咳	（－）	活動性の低下
3	上記症状	くり返す嘔吐や下痢，持続する腹痛	著名な鼻閉，鼻汁，繰り返すくしゃみ，持続する咳，咽頭掻痒感	頻脈（1分15回以上の増加）	不安感
4	上記症状	上記症状	咽頭絞扼感，喘鳴，呼吸困難，犬吠様咳嗽，嗄声，チアノーゼ，嚥下困難	不整脈，血圧低下	不穏，死の恐怖感
5	上記症状	上記症状	呼吸停止	重篤な徐脈，血圧低下著明，心停止	意識消失

出典：日本小児アレルギー学会「食物アレルギー診療ガイドライン 2012 ダイジェスト版」(http://www.jspaci.jp/jpgfa2012/chap06.html)

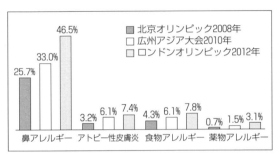

● 図 1-4 ●　夏季スポーツ男性トップアスリートのアレルギー疾患有病率

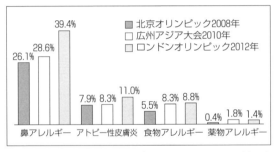

● 図 1-5 ●　夏季女性トップアスリートのアレルギー疾患有病率

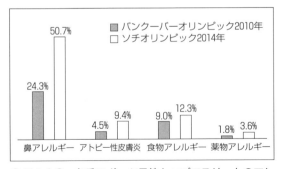

● 図 1-6 ●　冬季スポーツ男性トップアスリートのアレルギー疾患有病率

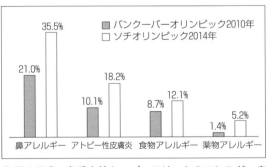

● 図 1-7 ●　冬季女性トップアスリートのアレルギー疾患有病率

出典：土肥美智子「トップアスリートのアレルギー疾患の現状と対策」『臨床スポーツ医学』31，2014 年，pp. 750-753

れん草などに対する食物アレルギーが多い。食物アレルギーは図 1-4〜図 1-7 にもあるようにトップアスリートでもよくみられるものであり，それによってトレーニングや試合を制限させるものではない。ただ，症状などが強い場合には試合に影響するので適切な対応が求められる。

運動やスポーツとの関連では**食物依存性運動誘発アナフィラキシー**がある。これは，原因となる食物（主に甲殻類や小麦）を摂取して2時間以内に運動するとアレルギー症状が起きるものである。この場合，安静にしていればアレルギー症状は起きない。また，体調不良のときや久しぶりにアレルゲンを摂取したとき，環境がよくなかったときなどにもアレルギー症状が起きる場合がある。

　アスリートの食事はタンパク質摂取量が多くなることも少なくない。このようなときに卵や牛乳，小麦といったアレルゲンをもっていると摂取可能な食品が制限され，自分で食事設計をするのがむずかしくなる場合もある。その場合は専門家の助言を受けながら代替食品でタンパク質量を確保する。情報は書籍やWebサイト（例：公益財団法人日本アレルギー協会［http://www.jaanet.org］）からでも検索可能であるが，アレルギーの症状には個人差があるため，独断で判断せずに専門家の意見を受ける。

> 食物依存性運動誘発アナフィラキシー
> （第7章，p.127参照）

❸ 偏食と行動変容

　特定のものしか食べない状況や食べないものがある状況を**偏食**であるという。単なる好き嫌いであれば，できるだけ家族や仲間と食事を楽しむように配慮したり，運動量を含めて食事時間や食事量など生活習慣の見直しをすることも有用である。偏食は，う歯（虫歯）や食物アレルギーなどの疾患に起因する場合がある。この場合は，疾患に合わせた食事設計が必要である。経験的・心理的要因に起因する場合は原因を把握することも重要であるが，効率よく解消しようと思えば**行動変容ステージモデル**（表1-5）を利用してもよい。偏食をなくすには，表1-5に示したとおり原因食物を強要するのではなく，対象者の状況を正確に把握し，適切なアドバイスをするよう心がける。子どもの場合は偏食が流動的であり，克服するチャンスは多い。また，図1-8に示すように，「空腹」「満腹」になる時間をつくることも重要である。偏食を克服するために運動量を含めて食事時間や食事量など，生活習慣を確認してみるのもよい方法である。

> 偏食
>
> 行動変容ステージモデル（第6章，p.88参照）

● 表 1-5 ● 行動変容ステージモデルと偏食

段階	状況	
前熟考ステージ	現在行ってもいないし,今後行うつもりもない。	偏食を改善する意義を理解できていない。
熟考ステージ	現在行っていないが,今度行うつもりである。	
準備ステージ	現在行っているが定期的ではない。	偏食が栄養バランスを調えるうえでよくないことは理解できるが,実行には移しにくい。
実行ステージ	現在行っているが定期的ではない。始めたばかりである。	
維持ステージ	行い初めてから6ヵ月以上たっている。	良い食習慣ができている。

出典:日本体育協会・樋口満監修『小・中学生のスポーツ栄養ガイド』p.77を筆者改変

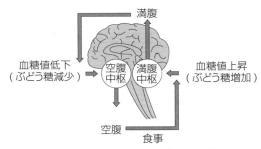

● 図 1-8 ● 脳における食欲の調節

出典:『オールガイド食品成分表 2015』実教出版, 2014年, p.8 を筆者一部改変

> **コラム**
>
> ## 咀嚼と運動
>
> 日本の伝統食には「するめ」や「こんにゃく」など咀嚼を要するものが多い。咀嚼は食物を嚥下し消化吸収を助けるために食物をかみ砕き唾液を分泌して混合することで,歩行などと同様に自分で速さや回数などを調節できる運動である。唾液の分泌も含め,咀嚼の調節にかかわる神経回路は大脳の各部位が制御している。かたい食物を摂取すると,咀嚼回数がふえるので脳血流が増加している(右図参照)ことからも咀嚼と脳の活性化がつながっていることが推察される。かみしめ時には運動神経を含む無脊髄反射経路の刺激が伝わりやすくなり,全身の運動機能が向上するといわれていることから,海外アスリートは筋肉に刺激を与えることを目的として休憩中にガムをかんでいる場合もある[6]。咀嚼機能向上のために伝統的な食品をふんだんに活用した食生活を心がけることは,日本の食文化の継承にもつながるだろう。
>
>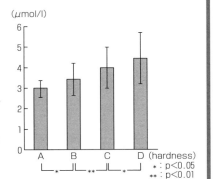
>
> かたさの異なるグミゼリー咀嚼時の脳血流の変化量
>
> 注:かたさの目安:A, ケーキ;B, ファストフード;C, かためのご飯;D, ベーコンまたはブロッコリー。
>
> 出典:小林義典「咬合・咀嚼が創る健康長寿」『日本補綴学会誌』3, 2011年, pp.189-219

【引用・参考文献】
1）Nutrition for Athletes, A practical guide to eating for health and performance (http://www.olympic.org/documents/reports/en/en_report_833.pdf)
2）鈴木志保子「スポーツ栄養マネジメントの構築」『栄養学雑誌』70（5），2012 年，pp. 275-282
3）渡邊智子・渡辺満利子編『食べ物と健康食事設計と栄養・調理』南江堂，2014 年，p. 1
4）厚生労働省「平成 25 年度国民健康栄養調査」(http://www.mhlw.go.jp/bunya/kenkou/kenkou_eiyou_chousa.html)
5）厚生労働省「健康な食事のあり方に関する検討会報告書」(http://www.mhlw.go.jp/stf/houdou/0000059935.html)
6）井出吉信編『咀嚼の事典』朝倉書店，2011 年，pp. 104-105

【推薦図書】
1）岡村浩嗣『ジムに通う人の栄養学』講談社，2013 年
2）鈴木志保子『基礎から学ぶ！ スポーツ栄養学』ベースボールマガジン社，2008 年
3）日本体育協会・樋口満監修，こばたてるみ・木村典代・青野博編『小・中学生のスポーツ栄養ガイド』女子栄養大学出版部，2014 年
4）『オールガイド食品成分表 2015』実教出版，2014 年

まとめ

1 スポーツ栄養学とは運動やスポーツによって身体活動量が多い人に対して必要な栄養学的理論・知識・スキルを体系化したものと定義される栄養学であり，運動とスポーツは同じように扱う。

2 食品表示法により一元管理される主な食品表示には期限表示（賞味期限・消費期限）と食品アレルギー表示，栄養成分表示がある。特定原材料7品目（小麦，卵，乳，そば，ピーナッツ，えび，かに）には食品表示が義務づけられている。小麦，卵，乳は子どもにおける三大アレルゲンとよばれる。

3 学校では主に学校生活管理指導表（アレルギー疾患用）で食物アレルギーの子どもを管理している。アナフィラキシー症状をもつ子どもはエピペン®を持参する場合もある。食物アレルギーによってトレーニングや試合は制限されるものではないが，常に最新の情報と知識を共有し，適切な対応がとれるように指導者と専門家を含めた周囲の支援・協力体制が必要不可欠である。

4 なんらかの要因で特定の食物を食べない，もしくは，食事内容が偏った食べ方をすることを偏食とよぶ。偏食により栄養バランスの偏りが生じやすく，結果的に体調を崩しやすいので，できるだけ偏食をなおすよう心がける。

第2章
栄養と運動

1 栄養の概念

　ヒトが食べる物には，ヒトの身体を構成し，維持するのに必要な成分が含まれている。その成分を**栄養素**という。スポーツの現場などで注目されるアミノ酸などは栄養成分とよばれ，栄養成分は栄養素を含めた表現として用いられることも多い。また，人が食べる物を摂取し，消化・吸収を経てエネルギーや生体の構成物質として利用し，老廃物を排泄する一連の営みが栄養学における**栄養**である。道端の雑草をみても食欲はわかないが，畑の野菜をみると食欲がわくのは，野菜を摂取することによる栄養素の摂取と摂取時のおいしさ（色，香り，味など）を想像したからである。栄養素は5つに大別される。これを**五大栄養素**という。5つのうち，糖質，脂質，タンパク質は体内でエネルギーをつくり出すことができるので，特に**エネルギー産生栄養素（三大栄養素）**とよぶ。

　栄養素には**欠乏症**や**過剰症**が存在する。さらに，栄養素でなくても生体に有用な成分が基礎食品には多くみいだされている。**機能性成分**にはビタミンCなどのように栄養素も含まれているが，大半は栄養成分でない成分である。また，食物繊維は生体内で吸収されにくい点で栄養成分とは性質を異にする。基礎食品（魚介・肉・乳類，野菜・果物・穀類など）の適切な摂取はこういった機能性成分の適切な摂取にもつながるので生

栄養素

栄養

五大栄養素

エネルギー産生栄養素
　（三大栄養素）
欠乏症
過剰症
機能性成分

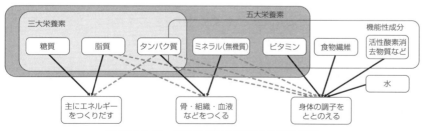

● 図2-1 ●　生体に必要な栄養成分等の分類

活習慣病の予防にも大きく貢献する。**生活習慣病**の定義は「食習慣，運動習慣，休養，喫煙，飲酒などの生活習慣が，その発症・進行に関与する疾患群」であり，がん，高血圧，脂質異常症，糖尿病，動脈硬化，痛風などが含まれる。生活習慣病という名称は，1996（平成8）年から用いられ（それまでは成人病といわれていた），後天的な生活習慣ばかりでなく遺伝的な要因が疾患に影響する場合もある。

生活習慣病

エネルギー源となる栄養素

　筋肉を動かすためのエネルギー源となる栄養素は糖質（炭水化物），脂質（脂肪）およびタンパク質であるが，ビタミンやミネラルが不足するとエネルギー供給系は効率よく動かない。また，**炭水化物**は**糖質**と**食物繊維**（難消化性多糖類・ルミナコイド）を合わせたものであり，**脂質**は水に溶けない物質の総称で，**脂肪**は（脂肪酸のグリセリンエステル）脂質の一部である。

炭水化物
糖質
食物繊維
脂質
脂肪

（1）糖　質

　疲れたときは，肉や魚よりも甘いものが欲しくなる。これは，脂質やタンパク質に比べて**糖質**のほうがエネルギー源として利用しやすいからである。糖質1gは4kcalに相当するが，日本型の食事は糖質が約40%であり，摂取エネルギー量の約60%は糖質に由来している。また，大福，まんじゅう，ようかんなどの和菓子は，洋菓子に比べると糖質が多く脂質が少ないことから，補食としても有用である。表2-1（p.14）に糖質の分類や種類と主な所在をまとめた。さらに，効率よくエネルギーをつくり出すために，電子伝達系の補酵素になるビタミンB群に関しても摂取量に配慮するとよい。

糖質

　摂取した糖質は，消化酵素により単糖類に消化されて吸収される。グルコースはそのまま，ガラクトースやフルクトースは肝臓でグルコースに変換された後，利用される。吸収されたグルコースのほぼ半量は**血糖**となり，体内の各細胞に取り込まれてエネルギー源になる。残りの半量近くは脂肪の形で貯蔵され，**グリコーゲン**として肝臓や筋肉に蓄えられ

血糖

グリコーゲン

第2章　栄養と運動　13

● 表 2-1 ● 糖質の分類・種類と主な所在

分類		種類（別名）		主な所在
単糖類		グルコース（ブドウ糖）		果実，野菜
		フルクトース（果糖）		果実，はちみつ
		ガラクトース		乳糖の構成成分
少糖類	二糖類	スクロース（ショ糖）	ブドウ糖＋果糖	砂糖
		マルトース（麦芽糖）	ブドウ糖＋ブドウ糖	水あめ
		ラクトース（乳糖）	ブドウ糖＋ガラクトース	牛乳（4.5％），人乳（7％）
	三糖類	ラフィノース	ブドウ糖＋果糖＋ガラクトース	大豆，てんさい
多糖類		スターチ（でんぷん）	ブドウ糖が多数結合したもの	穀類，いも類，豆類
		デキストリン		あめ
		グリコーゲン		レバー，肉類

出典：『オールガイド食品成分表2015』実教出版，2014年，p.14を一部改変

るが，その量は成人でも約400gにすぎない。

　グルコースは筋肉にとって主要なエネルギー源であるばかりでなく，脳や神経にとっても主要なエネルギー源であることから，**血糖値**の維持は重要である。一般的には，**空腹時血糖**は70〜100 mg/dℓ，糖質摂取後には130〜140 mg/dℓまで上昇する。血糖値を上げるホルモンはアドレナリンをはじめとしていろいろあるが，血糖値を下げるホルモンは**インスリン**のみである。

　糖質摂取に関しては**グリセミック・インデックス（GI）**という指標を考える場合もある[1]（第7章，表7-8，p.111参照）。また，グリコーゲン回復のためにはクエン酸を糖質と一緒に摂取するとよいという報告もある。クエン酸はかんきつ類などに多い有機酸の一種である。

血糖値

空腹時血糖

インスリン

グリセミック・インデックス（GI）

（2） 脂質およびタンパク質

　食物に含まれる脂質には，大きく分けて**単純脂質，複合脂質，誘導脂質**がある（表2-2）。エネルギー源としてだけでなく，皮下脂肪やホルモン，細胞膜の構成成分として必要不可欠な栄養素である。脂質の摂取量は，通常エネルギー摂取量に対する割合で決められる。植物性油脂や動物性油脂などいろいろな脂質を摂取エネルギーの20〜30％の範囲内で摂取する。これを脂質摂取量に置き換えるには以下のように計算するとよい。

　つまり，脂質は1gあたり9 kcalのエネルギーをつくり出す。1日あ

単純脂質
複合脂質
誘導脂質

● 表 2-2 ● 脂質の分類・種類と主な所在

分類	種類の例		主な所在
単純脂質	中性脂肪	トリグリセリド（脂肪酸 3 つ）	食用油脂
複合脂質	リン脂質	ジグリセリド（脂肪酸 2 つ）＋リン酸	卵黄
誘導脂質	脂肪酸		食用油脂
	ステロール	エルゴステロール（植物性）	しいたけ
		コレステロール（動物性）	卵黄，魚卵

出典：『オールガイド食品成分表 2015』実教出版，2014 年，p.16 を一部改変

たり 3,500 kcal のエネルギーが必要ならば，その 30％分のエネルギーは 3500×0.3＝1050（kcal）であるから摂取可能な脂質は，1050÷9 ≒ 117（g），つまり 117 g 程度までである。なお，脂質にもエネルギー源になりにくい脂質や生理活性をもつ脂質があり，**機能性脂質**とよばれている。また，脂質にはサラダ油や脂身のように「**みえる脂質**」もあるが，バターケーキやカレールウのように「**みえない脂質**」もあるので注意が必要である。加工食品は栄養成分表示があるので確認するとよい。脂質は小腸で分解・吸収された後，多くがタンパク質と結合した**リポタンパク質**として血液循環に入る。

　体脂肪量（体重×体脂肪率）の大半はトリグリセリド（TG，トリアシルグリセロール）である。TG は，糖質が不足した場合にエネルギー源として活用される。リパーゼによりグリセロールと脂肪酸に加水分解された後，解糖系や TCA 回路に入る（図 2-2）。脂肪酸を用いる場合は解糖系

機能性脂質

みえる脂質

みえない脂質

リポタンパク質

体脂肪量

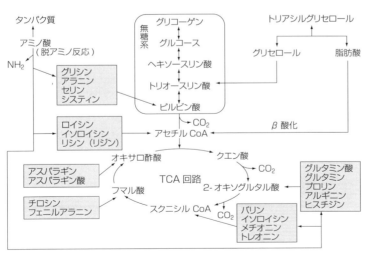

● 図 2-2 ● 糖質・脂質・タンパク質を活用したエネルギー産生
出典：伏木亨・吉田宗弘『改訂基礎栄養学』光生館，2011 年，p.55

を経ずにTCA回路に入るため，解糖系に必要なビタミンB_1を節約することもできる[2]。

タンパク質は，図2-3に示す20種の天然アミノ酸から構成される高分子化合物である。アミノ酸はその化学構造から7つに分類されるが，筋肉中でATP産生を行うアミノ酸として**分岐鎖アミノ酸**（BCAA）とアラニンが知られている。これらは通常体タンパク質の合成や酵素合成に用いられるのでエネルギー源として用いられることは少ない。しかし，日ごろ運動をあまりしない人が激しい運動をしたり長時間の運動をしたりすると，ストレスがかかって体タンパク質の分解が促進され，タンパク質必要量が増加する。また，エネルギー消費量が増加しているにもかかわらず，エネルギー源としての糖質や脂質が十分供給されない場合もタンパク質がエネルギー源として用いられる（図2-2）。糖質，脂質，タンパク質はTCA回路を中心に密接に結びついている。

分岐鎖アミノ酸

注：＿＿部分は必須アミノ酸を指す

● 図2-3 ● タンパク質を構成する天然アミノ酸

なお，運動経験の少ない人がトレーニングをする場合に，タンパク質摂取量が体重1kgあたり1.0～1.5g/日で，動物性タンパク質摂取比が20～30％の食事では貧血（**運動性貧血**）になる場合があることが報告されている。この場合動物性タンパク質摂取比を47％以上にするか，タンパク質摂取量を体重1kgあたり1.8g/日以上にする。

運動性貧血

 エネルギー産生栄養素バランス

エネルギー産生栄養素バランス（PFCバランス）とは「エネルギーを産生する栄養素，すなわち，タンパク質（Protein），脂質（Fat），炭水化

エネルギー産生栄養素
バランス
（PFCバランス）

物（アルコールを含む，Carbohydrate）とそれらの構成成分が総エネルギー摂取量に占めるべき割合（％エネルギー）」[2]と定義されるもので，これらの構成比率が指標となる。炭水化物の摂取量が必要量より下回ることは考えられないので，通常はタンパク質，脂質の量を決めた後で炭水化物の量を決める。実際の計算にはエネルギー換算係数としてアトウォーターの係数（第4章，p.49参照）を用いている。1～17歳のエネルギー産生栄養素バランス（目標量）は，タンパク質が13～20％，脂質が20～30％，炭水化物が50～65％である。18～69歳の場合も目標とする％エネルギーは1～17歳の場合と同じであるが，バターや肉の脂身などに多い飽和脂肪酸の％エネルギーは7以下とする，という条件が新たに付与された[3]。アスリートの食事は糖質60％，脂質25％，タンパク質15％程度の高糖質食が理想であるといわれている。市販の弁当類や加工食品には栄養成分表が表示されているので，エネルギー産生栄養素バランスも計算しやすい。図2-4を参考に自分でも計算してみるとよい。

図2-4からは，豚肉しょうが焼き弁当は脂質がやや多いことがうかがえる。しかしながら，脂質がやや多いから食べてはいけない，というのではない。朝食や夕食などで脂質を減らした食事をするように心がけて1日の摂取栄養素量のバランスがとれるように考えればよい。あるいは，運動量を増やしてエネルギー消費量を増やしてもよい。1日ではなく2～3日のスパンで平均して栄養バランスが整うように配慮してもよい。

なお，これだけでは野菜・果物類の摂取量不足は明らかであるから，適宜，野菜や果物を補うとビタミンやミネラルも摂取できるので食事としてはよりよいものになる。

しょうが焼き弁当
（豚肉しょうが焼き，スパゲッティ，ごはん，ごましお，梅干し，卵焼き，ほうれん草のおひたし）

エネルギー	950 kcal
たんぱく質	26.5 g
脂質	37.5 g
炭水化物	124.2 g
ナトリウム	657 mg
食塩相当量	1.7 g

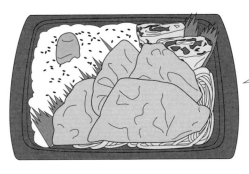

タンパク質の摂取エネルギー比
26.5×4／950×100＝11.2％

脂質の摂取エネルギー比
37.5×9／950×100＝35.5％

炭水化物の摂取エネルギー比
124.2×4／950×100＝52.3％

● 図2-4 ● しょうが焼き弁当のエネルギー産生栄養素バランス計算（例）

身体をつくる栄養素と体の機能を調整する栄養素

（1） タンパク質の代謝と機能

1 タンパク質の基本：アミノ酸

　タンパク質は筋肉や内臓器官などを構成するだけでなく，酵素やホルモンなどさまざまな生理活性物質をつくり，身体の機能を調整している。

　タンパク質の最小構成単位は「**アミノ酸**」で，ヒトの場合，20種類が必要である。これらのアミノ酸は図2-3（p.16）に示すようにその構造および化学的性質によって脂肪族，酸性，塩基性，含硫（硫黄を含む），芳香族などに分類される。アミノ酸の中で，体内で合成することができない，または合成できても微量しか合成できないため，食事から摂取しなければならないアミノ酸を**必須アミノ酸**という。必須アミノ酸はバリン，ロイシン，イソロイシン，トレオニン，リシン（リジン），ヒスチジン，メチオニン，フェニルアラニン，トリプトファンの9種類である。

　タンパク質はこれらのアミノ酸がどのような順番で結合（ペプチド結合）しているかが重要である。この順番は遺伝情報として核やミトコンドリアに収められており，**DNA**に保存された遺伝情報にしたがってアミノ酸が配列されていく（タンパク質の一次構造）。アミノ酸が鎖のようにつながった状態をポリペプチド鎖といい，この鎖がらせん状（α-ヘリックス構造）になっていたり，折りたたまれたり（β-シート構造）して，立体構造をつくっている（二次構造）。これら立体構造の維持は水素結合で保たれている。これらの構造がさらに複雑になって（三次構造），タンパク質としての機能を発揮する。

アミノ酸

必須アミノ酸

DNA

2 タンパク質の体内利用

　食事から摂取したタンパク質は，胃や小腸で消化酵素にてアミノ酸またはジペプチド（アミノ酸が2分子結合したもの）まで消化された後，小腸上皮細胞から吸収される。吸収されたアミノ酸は，血液を介して肝臓等の各組織に輸送される。輸送されてきたアミノ酸はいったん，**アミノ**

アミノ酸プール

酸プールに入り，必要に応じてタンパク質代謝に利用される。さらに，体内のタンパク質は常に合成と分解を繰り返し，合成に必要なアミノ酸も，またタンパク質を分解したアミノ酸もアミノ酸プールを介する（図2-5）。体内にてタンパク質が合成される際はDNAの遺伝情報にしたがって，mRNAに読み取った後，その塩基配列にしたがって，アミノ酸を結合し，タンパク質が合成される。また，アミノ酸はエネルギー産生にもかかわる。アミノ酸はアミノ基を除く炭素骨格の部分が解糖系やTCA回路に入ってエネルギー産生に利用されたり，また糖新生や脂肪酸合成にも用いられる。一方，アミノ基はいったん有毒なアンモニアに変換されるが，すぐに尿素サイクルに入り，毒性の低い尿素となって体外に排泄される（図2-5）。

mRNA

③ タンパク質の栄養価評価

食事から摂取されたタンパク質がどれだけ生体のタンパク質として利用できるか，その利用を評価したものをタンパク質の栄養価という。それぞれの食品のタンパク質栄養価は，消化吸収率や必須アミノ酸の含有量のバランスによって異なる[4]。タンパク質の栄養価を評価する方法には2つあり，1つは**生物学的評価法**である。これは，ヒトや実験動物に実際の食品タンパク質を摂取させて行う評価法で，三大栄養素のうち，

生物学的評価法

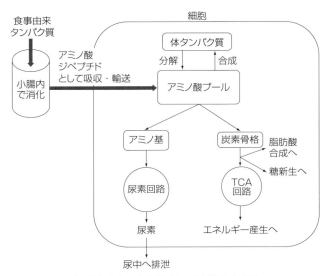

● 図2-5 ● 食事性タンパク質のゆくえ
出典：奥田豊子編著『スポーツ栄養学』嵯峨野書院，2013年，p.10

タンパク質は唯一，構成元素に窒素が入っていることから，窒素の取り込みと排泄を測定することで栄養価を評価するものである。代表的なものに**正味タンパク質利用率**がある。もう1つは**化学的評価法**で，代表的なものに**アミノ酸価**がある。FAO（国連食糧農業機関）/WHO（世界保健機関）/UNU（国連大学）が策定したヒトの必須アミノ酸の必要量を**アミノ酸評点パターン**（アミノ酸mg/タンパク質1g）とし，食品中に含まれる必須アミノ酸がこのアミノ酸評点パターンをどれだけ充足しているかを百分率で示したもので，食品中に含まれる必須アミノ酸がアミノ酸評点パターンと同量だと100となる。この値が100以下のものを**制限アミノ酸**とし，最も低いアミノ酸を**第一制限アミノ酸**とする。そして，その第一制限アミノ酸がその食品のタンパク質の栄養価となる。卵や肉類など動物性食品に含まれるタンパク質はすべての必須アミノ酸が100を超えているが，植物性食品に含まれるタンパク質は栄養価が低く，制限アミノ酸がある。たとえば，精白米の第一制限アミノ酸はリシン（リジン）である。精白米を主食とする和食の場合，主菜として味噌汁や納豆，豆腐料理などを取り合わせることが多い。このような食品の取り合わせは，精白米に少ないリシン（リジン）をリシン（リジン）が多く含まれている大豆で補う取り合わせであり，食事全体に含まれるアミノ酸バランスは非常に良くなる。このように食品を取り合わせて食事全体のアミノ酸バランスを補うことを**アミノ酸の補足効果**という。

> 正味タンパク質利用率
> 化学的評価法
> アミノ酸価
> アミノ酸評点パターン
>
> 制限アミノ酸
> 第一制限アミノ酸
>
> アミノ酸の補足効果

（2）ビタミンの代謝と機能

ビタミンは体内には微量しか存在せず，またヒトでは体内で合成できないので，食物から摂取しなければならない栄養素で，体内でさまざまな生理機能の調整にかかわる有機化合物である。

ビタミンは化学的性質から水に溶解する**水溶性ビタミン**と油に溶解する**脂溶性ビタミン**の2つに大別される。各ビタミンの種類，機能などについては表2-3に示す。

> 水溶性ビタミン
> 脂溶性ビタミン

① エネルギー代謝等を円滑にすすめるビタミン

水溶性ビタミンのうち，ビタミンC以外の8つのビタミンはビタミンB群といい，各種酵素の**補酵素**としての役割をもつ。食品中に含まれる

> 補酵素

● 表 2-3 ● ビタミン類の種類とその機能

	名称	化合物名	機能	主な欠乏症・過剰症	主な供給源
脂溶性ビタミン	ビタミン A	レチノール	視覚機能（ロドプシンの構成成分），粘膜機能等	欠）夜盲症 過）胎児奇形	うなぎ，レバー，緑黄色野菜
	ビタミン D	カルシフェロール	カルシウム吸収の促進	欠）くる病，骨軟化症 過）高カルシウム血症	肝油，レバー，卵黄，しいたけ
	ビタミン E	トコフェロール	抗酸化作用（過酸化脂質の生成抑制）	欠）不妊症	植物油，種実類
	ビタミン K	フィロキノン メナキノン	血液凝固作用 骨代謝の正常化	欠）出血	納豆，緑黄色野菜，小麦胚芽
水溶性ビタミン	ビタミン B_1	チアミン	ピルビン酸デヒドロゲナーゼ等の糖代謝酵素の補酵素	欠）脚気	胚芽米，豚肉，大豆
	ビタミン B_2	リボフラビン	還元型（FAD，FMN）として酸化還元酵素の補酵素	欠）口角炎，口唇炎	レバー，牛乳，卵黄，魚介類
	ビタミン B_6	ピリドキシン ピリドキサール ピリドキサミン	アミノトランスフェラーゼ等のアミノ酸代謝酵素の補酵素	欠）皮膚炎，けいれん	肉類，レバー，魚介類，豆類
	ビタミン B_{12}	コバラミン	メチル基転移反応の酵素の補酵素	欠）巨赤芽球性貧血	動物性食品
	ナイアシン	ニコチン酸 ニコチン酸アミド	還元型（NAD，NADP）として酸化還元酵素の補酵素	欠）ペラグラ	レバー，肉類，豆類，緑黄色野菜
	パントテン酸	パントテン酸	補酵素型（CoA）の構成成分	欠）成長障害，神経障害	レバー，肉類，牛乳，豆類
	葉酸	プテロイルグルタミン酸	メチル基等の一炭素転移反応に関与する酵素の補酵素	欠）巨赤芽球性貧血 神経管閉塞障害	緑黄色野菜
	ビオチン	ビオチン	ピルビン酸カルボキシラーゼ等の炭酸固定反応に関する酵素の補酵素	欠）脱毛，皮膚炎	食品一般
	ビタミン C	アスコルビン酸	コラーゲン生合成 抗酸化作用	欠）壊血病	野菜類，果物類

注：欠）は欠乏症，過）は過剰症を指す。
出典：吉田勉監修『基礎栄養学』学文社，2012年，pp.94-95を参考に筆者作成

　糖質，脂質，タンパク質は，エネルギー産生に必要とされる栄養素であり，これらが細胞内で代謝され，最終的にエネルギー（ATP）となる。図2-6（p.22）に示すように，ビタミン B_2 やナイアシンはその補酵素型がエネルギー産生に重要な役割を果たす。また，ビタミン B_6 はアミノ酸代謝の初発酵素であるアミノトランスフェラーゼの補酵素であることなど，ビタミンB群は糖質，脂質，タンパク質それぞれの体内代謝において重要な働きをしている。トレーニングや筋肉労働のため消費エネルギーが増加した場合には，そのエネルギー必要量の増加にともなって，ビタミンB群の摂取量も増加させなければならない。したがって，代謝反応に必要なビタミン類が不足するとエネルギー産生も滞り，また疲労

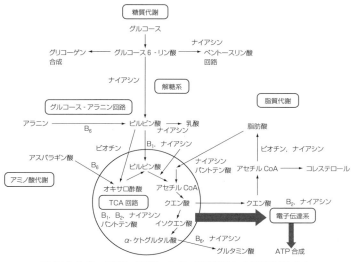

● 図 2-6 ● 糖質，脂質，アミノ酸代謝と水溶性ビタミン

もしやすくなる。それゆえ，運動の種目，強度，持続時間などを考慮して消費エネルギーに応じてビタミンの必要量も変化させなければならない。

2 抗酸化ビタミン

生体では主として酸素を用いてエネルギーを産生している（好気的条件下）。しかし，この酸素は時には激しい運動やさまざまな代謝亢進によって反応しやすい酸素に生体内で変化することがある。このような酸素を**活性酸素**という。活性酸素は細胞膜を構成するリン脂質などを攻撃する危険性がある。細胞膜の脂質が活性酸素により攻撃されると過酸化脂質となり，細胞膜に障害をきたす。このような活性酸素を消去する働きがあるものを**抗酸化性物質**といい，ビタミンの中にも**抗酸化性**を示すものがある（**抗酸化ビタミン**）。抗酸化ビタミンにはビタミンEとビタミンCがある。ビタミンの分類には入らないが，にんじん等の色素成分であるβ-カロテンも強い抗酸化活性をもつ。β-カロテンはビタミンAの真ん中で開裂した構造（開裂するとβ-カロテンが2分子できる）をしており，このようにビタミンAになりうる物質を「プロビタミンA」ともいう。

活性酸素

抗酸化性物質
抗酸化性
抗酸化ビタミン

（3） ミネラルの代謝と機能

ミネラルは身体の構成成分として重要な働きをしているが，身体のさ

●表2-4● 主なミネラルの種類とその機能

ミネラル名 (元素記号)	主な機能	代表的な欠乏症	主な供給源
カルシウム (Ca)	骨・歯の構成成分 血液凝固反応に関与 神経伝達の調整	くる病 骨軟化症	牛乳, 乳製品, 小魚, 緑黄色野菜, 豆類
リン (P)	骨・歯の構成成分 エネルギー代謝, 細胞膜の構成成分	ほとんどなし	加工食品, 魚介類, 卵, 玄米
マグネシウム (Mg)	骨・歯の構成成分 筋肉収縮, 神経興奮伝達に関与	ほとんどなし	海藻類, 種実類, 緑黄色野菜
ナトリウム (Na)	細胞の浸透圧調整 酸・塩基平衡の調整	食欲不振, 吐き気 (過剰症のほうが問題)	食塩, 調味料
カリウム (K)	細胞の浸透圧調整 酸・塩基平衡の調整	低カリウム血症	いも類, 野菜類, 果物類
鉄 (Fe)	ヘモグロビン, ミオグロビンの構成成分	鉄欠乏性貧血	レバー, 赤身の魚肉, 卵, 豆類, 緑黄色野菜
銅 (Cu)	抗酸化酵素の構成成分	貧血, 神経障害	牡蠣, しゃこ, 豆類, 種実類
セレン (Se)	抗酸化酵素の構成成分	克山病 (心筋障害), 成長障害	穀類, 肉類, 乳製品
亜鉛 (Zn)	多くの酵素の構成成分	食欲不振, 味覚障害	牡蠣, 魚介類, 穀類

まざまな生理作用や代謝調節にも関与している。たとえば，骨や歯はその多くがカルシウム，リン，マグネシウムなどのミネラルで形成されており，また骨の周りにある筋肉の収縮はカルシウムイオンによって調節されている。表2-4に主なミネラルの種類と機能を示した。ここでは，機能ごとにまとめて紹介する。

1 骨や歯を形成するカルシウム，リン，マグネシウム

体内にある**カルシウム**のうち，99％が骨を形成しており，残り1％が血液や細胞中に存在する。つまり，骨はカルシウムの貯蔵場所でもある。骨は破骨細胞によって骨を破壊（骨吸収）した後，骨芽細胞によって新しい骨が形成される過程（リモデリング）を毎日繰り返しながら，新しい骨へとつくり変えている。したがって，成長期では骨吸収よりも骨形成が上回っているから成長し，成人期では，骨吸収と骨形成が一定のバランスとなるので，見かけ上成長が止まった状態となる。しかし，前述したように日々骨代謝は行われているので，しっかりとした骨をつくるにはカルシウムなどのミネラルを十分量摂取する必要がある。

血液や細胞中のカルシウムは，生命機能にかかわる重要な働きをして

カルシウム

いる。たとえば，筋肉の収縮・弛緩，血液凝固，神経伝達調節などがカルシウムによって調節されている。血液中のカルシウム濃度は厳密に一定濃度に保たれており，血液中のカルシウム濃度が減少すると，生体は骨からカルシウムを動員することで血液中の濃度を一定に保とうとする。食事からのカルシウム摂取量が長年不足し続けると，骨からカルシウムの動員をし続けることになり，結果的に骨が脆弱化(ぜいじゃくか)する。よって，強い骨をつくるには食品からカルシウムをしっかりと摂取しなければならない。しかし，日本人のカルシウム摂取量は食事摂取基準を満たしていないことから，骨代謝への影響が危惧されている。さらに，食品に含まれるカルシウムの吸収率はそれほど高くなく，最も高い牛乳や乳製品でも約50％の吸収率しかない。小魚類で約30％，小松菜やほうれん草などの野菜類においては約17％しか吸収されない。それゆえ，かなり意識して食品を摂取する必要がある。また，ビタミンDにはカルシウム吸収を促進させる働きがあることから，献立を工夫するなどして一緒に摂取するように心がける。さらに，ビタミンKも骨芽細胞に作用して骨形成を促進したり，また破骨細胞に作用して骨吸収を抑制したりすることが明らかになってきている。

　リンは約80％が骨や歯にあり，カルシウムと結合して存在する。したがって，体内ではカルシウムとリンの存在比が重要であり，その比は2：1が最もよいとされている。また，リンは，細胞膜の主要な構成成分であるリン脂質，エネルギーであるATPなどリン酸としてさまざまな物質の構成成分としても重要である。リンの摂取に関しては一般的な食生活を営んでいれば不足の心配はない。食品を加工する段階で食品添加物としてリン酸塩が使用されることから，むしろ，加工食品の摂取による摂取過多が懸念されている。

　マグネシウムは約70％が骨組織に存在しており，残りは筋肉収縮，さまざまな酵素反応，神経興奮伝達作用などに関与している。カルシウム，リン，マグネシウムの3つのミネラルは，体内での存在量の多くが骨や歯の構成成分となっていることから，骨量を維持するには，3つのミネラルの摂取とバランスを保つことが必要である。運動は骨に物理的刺激を加えることでミネラルの損失（骨吸収の抑制）を防ぐことができるといわれている。したがって，強い骨を形成するには運動とともにカルシ

ウムを積極的に摂取する必要がある。

2 細胞の浸透圧を調節するナトリウム，カリウム

　1つひとつの細胞が正常に働くには細胞内環境が一定に保たれなければならない。そのためには，細胞内外の浸透圧を正常に保つことが重要となる。細胞内外の浸透圧は**ナトリウム**と**カリウム**で調節されている。共に陽イオンとなって存在し，細胞内は K^+（カリウムイオン）濃度が高く，細胞外は Na^+（ナトリウムイオン）濃度が高い状態で存在している。また，体液量の調整にも大きくかかわっており，たとえば，生体内のナトリウム量はアルドステロンが腎臓に作用することで再吸収が高められ，拮抗作用のあるカリウムの排泄が促される。それによって，ナトリウムの体内貯留が促され，体液量が増加する。日本人は食塩（塩化ナトリウム）が過剰摂取の傾向にあることから，食塩摂取に関して配慮しなければならない。

ナトリウム
カリウム

3 酸素の体内運搬に重要な鉄

　赤血球に含まれている**ヘモグロビン**は全身に酸素を運搬するという重要な働きがある。**鉄**はヘモグロビンの構成成分の1つとして存在している。体内にある鉄の60〜70％がヘモグロビンや筋肉中にある**ミオグロビン**のような**機能鉄**として存在し，残りは**貯蔵鉄**として肝臓や脾臓，骨髄中にある。それゆえ，鉄が不足するとヘモグロビンの生成が低下し，それにともない，赤血球数も低下する。結果的に全身への酸素の運搬能が低下する。したがって，低酸素状態は身体機能をも低下させ，軽度の運動でも困難になる。運動状態を良好にするには通常よりもさらに鉄の摂取を重要視しなければならないので，アスリートは鉄欠乏にならないように，普段より食事に気をつけるべきである。

ヘモグロビン
鉄
ミオグロビン
機能鉄
貯蔵鉄

4 抗酸化酵素の構成成分である銅，セレン

　銅は**スーパーオキシドジスムターゼ**（SOD）の構成成分である。SODには体内の活性酸素を過酸化水素と酸素に分解する作用がある。また，**セレン**は**グルタチオンペルオキシダーゼ**の構成成分であり，過酸化水素を水と酸素に分解する。このように，生体で生成された活性酸素類は，

銅
スーパーオキシドジスムターゼ
セレン
グルタチオンペルオキシダーゼ

上記のような**抗酸化酵素**によって除去できるシステムを私たちは持っている。

5 食品の機能性成分

　日常の生活で，栄養素のみの摂取にこだわれば，サプリメントと飲料だけの食事，あるいは，好きな食物とサプリメントの食事も可能であるが，そのような食事では満足感が得られにくい。ヒトは生命にかかわる栄養素の確保を食事の**第一次機能**として認識している。栄養素が満たされた状態では，よりおいしく食べたいと考えるようになる。これが図2-6における**第二次機能**である。さらに，いつでもそれなりにおいしいものや栄養のあるものが食べられるようになると，より健康を維持できる（**第三次機能**）ものを食べたい，と考えるのである。近年では食事を支える文化的要素も重視される場合があるが，食事は競技力向上に加えて精神的充足感を得るためのものでもある。義務感で食べるのではなく，食品がもつ成分や調理方法，文化などにも興味をもって食事を味わうことが望ましい。

　三次機能をになう**機能性成分**には栄養素（ビタミンCなど）や嗜好性成分（カテキンなど）として機能する成分も含まれる。おなかの調子を整える目的でヨーグルトを食べたり，気分転換にコーヒーや緑茶を飲んだりするなど，私たちは無意識のうちに食品の第三次機能を生活のなかで利用している。主な機能性成分を表2-5にまとめた。

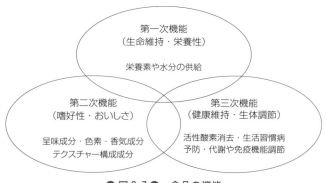

● 図2-7 ● 食品の機能

● 表 2-5 ● 食品に含まれる主な機能と機能性成分

発現系	機能の例		成分	食品
免疫系	マクロファージ活性化		カゼインペプチド	牛乳
	免疫増強		β-1,3-グルカン キチン	しいたけ えび・かに
分泌系	インスリン機能増強		グリシニン	大豆
	アドレナリン分泌		カプサイシン	とうがらし
	コレシストキニン分泌		トリプシンインヒビター	豆類
神経系	脳神経調節（鎮静）		オピオイドペプチド エキソルフィン	牛乳 小麦
循環系	赤血球産生（造血）		ヘム鉄	家畜血液
	血圧降下		カゼインペプチド 魚肉ペプチド	牛乳 かつお節など
	抗血栓		イコサペンタエン酸	魚油
	コレステロール低減化		γ-リノレン酸 グリシニン タウリン キトサン	油糧種子 大豆 いか，たこ，えび，貝類 えび，かに
消化系	カルシウム吸収促進		カゼインホスホペプチド	牛乳
	アミノ酸吸収促進		オリゴペプチド混合物	食品タンパク質
	腸内細菌叢調整（整腸）		オリゴ糖 食物繊維	種々の食品 種々の食品
細胞	分化		ビタミンA	種々の食品
	抗感染	抗菌作用	ラクトフェリン	牛乳
		抗ウイルス作用	卵白シスタチン オリザシスタチン	鶏卵 米
	抗酸化	細胞膜保護	γ-オリザノール セサミノール ルチン ショウガオール	米 ごま そば しょうが
	抗腫瘍	抗イニシエーション	カロテノイド	にんじんなど
		抗プロモーション	オレオレジン フコステロール	オレンジなど わかめ

出典：長澤治子編著『食べものと健康　食品学・食品機能学・食品加工学［第2版］』医歯薬出版，2012年より筆者一部改変

（1）食物繊維とその機能

食物繊維は**難消化性多糖類**，もしくは**ルミナコイド**ともよばれる。「ヒトの消化酵素で消化しきれない食物中の難消化性成分の総称」が食物繊維である。日本食物繊維学会では「ヒトの小腸内で消化・吸収されにくく，消化管を介して健康の維持に役立つ生理作用を発現する食品成分」[5]と定義しており，この定義で考えると，**オリゴ糖**（単糖が数個連なったもの）や糖アルコール，難消化性デキストリン，**レジスタントスタ**

食物繊維
難消化性多糖類
ルミナコイド

オリゴ糖

レジスタントスターチ

ーチ（難消化性でんぷん）なども食物繊維の一種として扱われる。

　一般的な食物繊維は，水に対する溶解性で2種類に分類される。『日本食品標準成分表2015』では，食物繊維を**水溶性食物繊維**と**不溶性食物繊維**，および食物繊維総量（水溶性と不溶性食物繊維の合計値）で表示している。水溶性食物繊維の代表的なものには，果物に多いペクチンや寒天に多いアガロース（海藻多糖類），こんにゃくに多いグルコマンナン（粘質多糖類）が，不溶性食物繊維の代表的なものには一般的な植物性食品に多いセルロース，ヘミセルロース，イモ類に多いイヌリンなどがある。食物繊維は**保水性**（水分を含むと数十倍に膨れ上がる），**粘性**（水分を含むとドロドロになる），**吸着性**（過剰な栄養素や有害成分を吸着する），**イオン交換能**（ナトリウムやカリウムなどと交換能を有する），**発酵性**（腸内細菌のエネルギー源になる），**嵩形成能**（かさけいせいのう）（便などのかさを増す）のいずれかの性質を示すものが有用であることが多い。図2-8に示したように消化器系各器官に対する機能を有する。1日の目標摂取量は15～17歳の場合，男性で1日19g以上，女性で1日17g以上であるが，18歳以上の成人

水溶性食物繊維
不溶性食物繊維

保水性
粘性
吸着性
イオン交換能
発酵性
嵩形成能

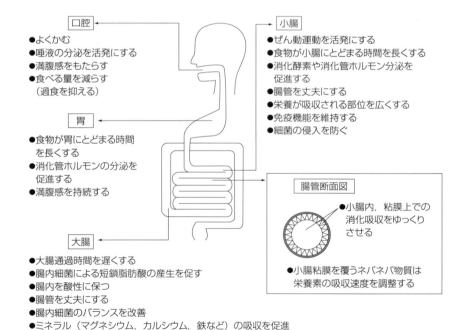

● 図2-8 ● 各消化管部位での食物繊維の働き

資料：海老原清『日本栄養・食糧学会誌』61(4), 2008年 [Leeds AR, Modification of intestinal absorption by dietary fiber and fiber components, *Dietary Fiber in Health and Disease*, Plenum Press, 1982, pp.53-71 を改変]

出典：吉田勉・石井孝彦・篠田粧子編著『新 基礎栄養学［第7版］』医歯薬出版，2009年，p.84

の場合は男性で 20 g 以上女性で 17 g 以上になる（巻末表 4-2 参照, p.160）。アスリートに関しては，基準値が食事のエネルギー摂取量 1,000 kcal あたり 8 ～ 10 g と設定されている。

（2）活性酸素消去物質（抗酸化性物質）

運動するときには，筋収縮に必要なエネルギーを供給するために，大量の酸素が必要になるが，一度に送れる酸素の量には限界があるために一時的に低酸素状態になったり，損傷により酸素に暴露されたような状態になったりなど，**酸化ストレス**を受けやすく，反応性の高い活性酸素も生じやすい状態になる。図 2-9 に酸化ストレスに対する生体防御機構をまとめた。もともと生体内では解毒などを目的として**活性酸素**を発生する酵素系があり，それに対して活性酸素や酸化ストレスを消去する抗酸化酵素系（本章，p.26 参照）・抗酸化ビタミン類（ビタミン C，E）（本章，p.22 参照）などがある。したがって，活性酸素や酸化ストレスに対しては，ある程度生体の防御機能により対処可能である。しかし，なんらかの原因で一時的に活性酸素が増大すると，酵素系だけではなく，ビタミン類や食品由来の活性酸素消去物質も有用である可能性が示唆されている。活性酸素はラジカルという不安定な化学構造をもつものが多いので，活性酸素消去物質はラジカル捕捉活性をもつ**抗酸化性物質**であることが

酸化ストレス

活性酸素

抗酸化性物質

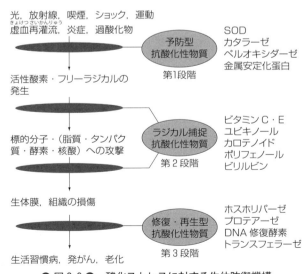

● 図 2-9 ● 酸化ストレスに対する生体防御機構
出典：吉川敏一「活性酸素と人体の抗酸化機能――最近の知見」『臨床スポーツ医学』23，2006 年，pp.1-5

多い。現在，活性酸素消去物質の一部は**特定保健用食品（トクホ）**の関与成分としてその生理機能が認められている。機能性成分は植物性食品に多いが，体内に蓄積するものではないので，毎食野菜や果物，大豆加工食品，海藻などを摂取するよう心がけるとよい。

（3）健康に配慮した食品

整腸作用，血圧上昇抑制作用といった食品の機能性を表示できる食品は，これまで特定保健用食品と栄養機能食品のみであったが，2015（平成27）年度4月から施行された食品表示法（第1章, p.3参照）では，機能性の表示がある食品を増やして消費者が選びやすいようにする目的で，新たに**機能性表示食品**が設定された（図2-10）。

機能性表示食品と特定保健用食品，栄養機能食品を合わせて**保健機能食品**といい，未成年者や妊産婦を含めて疾病に罹患していない健康な人を対象としたものであること，また，機能性表示食品は生鮮食品も含めたものであることと定義づけられた。

図2-10に示した食品と特別用途食品に関する特徴は，図2-11に示すとおりである。栄養補助食品などは従来どおり一般食品として分類され

> 特定保健用食品（トクホ）
>
> 機能性表示食品
> 保健機能食品

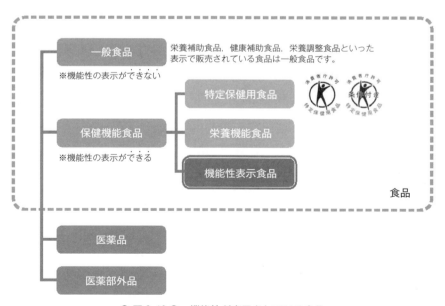

● 図2-10 ● 機能性が表示されている食品
出典：消費者庁『機能性表示食品ってなに？』p.4 (http://www.caa.go.jp/foods/pdf/150402_1.pdf)

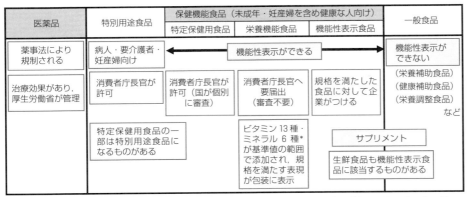

*栄養機能食品に添加されるビタミンとミネラル：ビタミン A（β-カロテンを含む），ビタミン B_1, B_2, B_6, B_{12}, ビタミン C，ビタミン E，葉酸，パントテン酸，ビオチン，ナイアシン，マグネシウム，銅，鉄，亜鉛，カルシウム，ビタミン K，カリウム

● 図 2-11 ● 健康に特化した食品の特徴

た。食品表示は加工食品の場合移行措置期間（5年）内に順次切り替えられる。特別用途食品も保健機能食品も「食品」であるから，長期間摂取し続けても安全性は保証される。新規に設定された機能性表示食品は，申請後60日までに許可される。2016（平成28）年4月中旬現在で299食品が機能性表示食品として届け出られた。

なお，機能性表示食品のガイドラインにサプリメント形状の加工食品に関する定義が明記された。これによれば，サプリメント形状の加工食品とは，天然由来の抽出物であって，分画，精製，化学的反応等により本来天然に存在するものと成分割合が異なっているもの，または化学的合成品を原材料とする錠剤，カプセル剤，粉末剤，溶剤等の形状である食品を指す。カプセル剤形状の食品についてはサプリメント形状の加工食品として取り扱い，錠剤，粉末剤および液剤についてはサプリメントとして認識されずに摂取しているものもあることから，過剰摂取が通常考えにくく健康被害の発生のおそれのない合理的な理由のある食品についてはサプリメント形状の加工食品ではなく，その他加工食品として扱ってよいものとする，と付記されている。サプリメントであるかどうかは，形状と成分割合がキーワードであると考えられる。

特定保健用食品の定義は「食生活において特定の保健の目的で摂取する者に対し，その摂取により当該保健の目的が期待できる旨の表示をする食品」である。図2-12に示したように，その食品に含まれる機能性成分のもつ特定の生体機能に対する有効性や安全性などが公的に保証さ

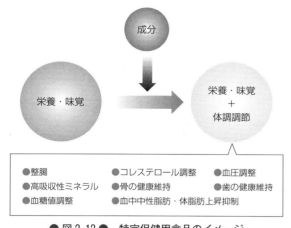

● 図2-12 ● 特定保健用食品のイメージ
出典：日本健康・栄養食品協会『トクホごあんない [2015年度版]』2015年, p.4

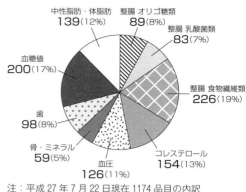

注：平成27年7月22日現在1174品目の内訳
● 図2-13 ● 特定保健用食品における表示許可品目数の内訳
出典：日本健康・栄養食品協会『トクホごあんない [2015年度版]』2015年, p.4

れており，2015（平成27）年7月22日現在で1174品目が認可されている。表示許可品目数の内訳は図2-13のとおりであり，整腸作用に関する特定保健用食品が多い傾向にある。特定保健用食品は仕事の関係などで食習慣が乱れがちな人に対して生活習慣病の予防に貢献できるよう工夫された食品であり，アスリートの減量などに適しているとは限らない。

栄養機能食品は高齢化や食生活の乱れなどにより，通常の生活で1日に必要な栄養素をとれない場合に，栄養素（ビタミン・ミネラル）の補給のために利用される食品である。定められた規格基準に適合していれば，申請や届け出なしに企業の責任のもとで消費者庁が指定した栄養成分の機能を表示できる。栄養機能食品に用いる栄養素は図2-11（p.31）にまとめた。各栄養素に関して含有量や具体的な**栄養機能表示**が定められているほか，「本品は多量摂取により疾病が治癒したり，より健康が増進したりするものではありません」などの注意喚起表示が義務づけられている。

最近では，「○○（食品名）が健康によい」「○○を食べて1週間で○kg痩せた」というような食情報や派手な広告により紹介された食品が翌日から爆発的に売れはじめ，品薄気味になることがある。その一方で，健康情報をうのみにしたために生じる健康被害・ヘルスクレームも後をたたない。食物に関する健康情報を過大評価したり過信したりすることは**フードファディズム**といわれ，消費者には食情報に対するリテラシー（適切に理解して取捨選択すること）が求められている。たとえば一個人

の経験や動物実験による結果が万人に通用するかは不明であるし，特定保健用食品の科学的根拠が自分に合うかどうかもわからない。生鮮食品にも機能性表示がつけられようとしている今日，健康維持のために何をどれだけ食べればよいのかを自分なりに判断することが求められている。

【引用・参考文献】
1）日本体育協会編『公認アスレティックトレーナー専門科目テキスト9 スポーツと栄養』文光堂，2013年，p.64
2）厚生労働省『日本人の食事摂取基準［2015年版］』第一出版，2014年，p.153
3）厚生労働省『日本人の食事摂取基準［2015年版］』第一出版，2014年，p.163
4）奥田豊子編著『スポーツ栄養学』嵯峨野書院，2013年，p.11
5）日本食物繊維学会監修『食物繊維 基礎と応用』第一出版，2008年，p.14

【参考図書】
1）吉田勉監修『基礎栄養学』学文社，2012年，p.94-95，p.101-107
2）坂井堅太郎編『基礎栄養学』化学同人，2010年，p.105-107

【推薦図書】
1）田口素子・樋口満編『スポーツ栄養学』市村出版，2014年
2）田地陽一編『基礎栄養学』羊土社，2014年
3）吉田勉監修『基礎栄養学』学文社，2012年

まとめ

1 ヒトの身体を構成し，維持するのに必要な成分を栄養素とよび，食べる物を摂取してエネルギーや生体構成成分として利用し，老廃物を排泄する一連の営みを栄養とよぶ。主な栄養素は糖質，脂質，タンパク質，ミネラル，ビタミンである。

2 エネルギーを供給する糖質（炭水化物），脂質（脂肪），タンパク質は栄養成分表示を用いてPFCバランスを計算することができる。

3 エネルギーを円滑に産生するには水溶性ビタミンが必須である。

4 カルシウム，リン，マグネシウムは骨形成，鉄は酸素運搬，銅とセレンは活性酸素消去酵素にそれぞれ必要な必須元素である。

5 タンパク質は筋肉や内臓などを構成するだけでなく，酵素やホルモンなどもつくる。

6 食品中に含まれるタンパク質をどれだけ有効に生体内利用できるかを評価する方法に生物学的評価法と化学的評価法がある。

7 ビタミンには水溶性と脂溶性があり，水溶性ビタミン9種類のうち，8種類が補酵素としての機能をもつ。

8 ビタミンB_1，ビタミンB_2やナイアシンはエネルギー産生に重要なビタミンである。

9 抗酸化ビタミンにはビタミンE，ビタミンCと$β$-カロテンがある。

10 骨の形成に重要なミネラルはカルシウム，リン，マグネシウムである。

11 ナトリウムとカリウムは細胞の浸透圧を調整するミネラルである。

12 鉄はヘモグロビンの構成成分で，体内の隅々まで酸素を運搬するのに重要である。

13 食物繊維は消化吸収を受けにくい難消化性多糖類の総称で，1日の目標量は18歳以上の男性で19g以上，18歳以上の女性で17g以上である。食物繊維は多すぎても少なすぎても悪影響がでる。

第3章
栄養素の消化・吸収

　私たちは，生命活動に必要なエネルギーや身体の構成成分に必要な物質を，食物として体内に取り入れている。

　消化とは，食物中の栄養素を吸収しやすい形にまで分解することである。吸収とは，分解された栄養素を細胞の中に取り込んで，血管系やリンパ系に送り出すことをいう。吸収されなかった食物の残渣は糞として肛門より排泄される。消化・吸収にかかわる器官を消化器系といい，口から肛門までの一本の管である**消化管**（口腔・咽頭・食道・胃・小腸・大腸・肛門）と消化液を分泌する実質器官（唾液腺・肝臓・胆嚢・膵臓）からなる（図3-1）。消化液の分泌や消化管運動は主に副交感神経の興奮によって亢進され，交感神経によって抑制される。

消化管

　消化作用は，消化方式により食物を歯でかみ砕いたり，胃や腸の運動によって内容物を混和したり後方へ送り出す**機械的消化**，消化液中に含

機械的消化

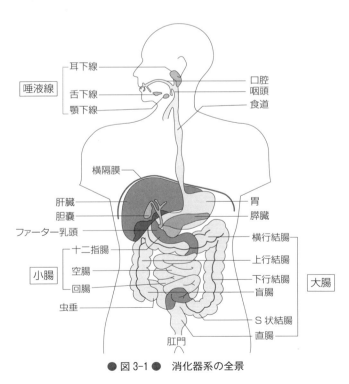

● 図3-1 ● 消化器系の全景

まれる消化酵素の作用により加水分解を行う**化学的消化**，大腸の腸内細菌による**生物学的消化**に分類される。消化には，食品のもつ抗原性などを取り除く働きもある。

化学的消化
生物学的消化

1 消化器系の構造と機能

(1) 舌，歯，唾液腺からなる口腔

1 舌には4種の乳頭が存在

舌は，味を感じ，食物を混和し嚥下を助ける作用をする。表面には4種類の**乳頭**といわれる突起がある（図3-2）。糸状乳頭は全面に密生し，食物を舌の表面でしっかりと捕らえて，かつ舌を保護している。舌の奥に分布する有郭乳頭には**味蕾**が多数存在する。1つの味蕾には40～60個の**味細胞**がある。成人では大体2,000個の味蕾がある。味細胞は塩味・酸味・苦味・甘味・うま味を識別し，寿命はおよそ10日である。

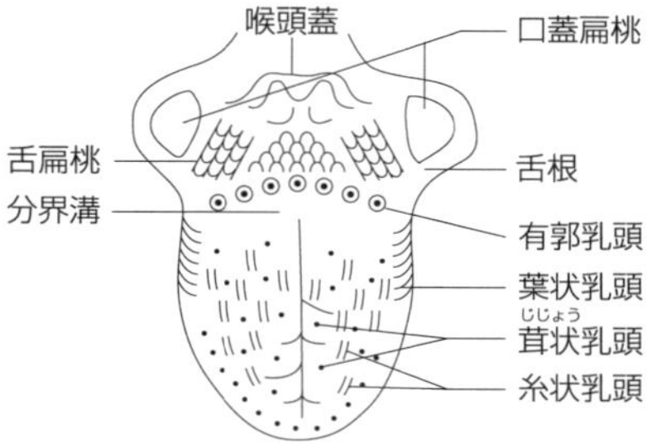

● 図3-2 ● 舌の構造

乳頭
味蕾
味細胞

2 歯で咀嚼

歯には**永久歯**と**乳歯**の2種類がある。乳歯は生後半年ごろから生え始め，満2歳で生えそろう。乳歯は大臼歯に相当するものがなく上下で計20本である。7歳ごろから永久歯と生え代わる。上下とも左右2対の切歯，1対の犬歯，2対の小臼歯，3対の大臼歯からなるが，第三大臼歯（親不知）はヒトにより欠けている。切歯，犬歯は食物をかみ切る働きをし，臼歯はすりつぶすように働く（図3-3）。

永久歯
乳歯

歯は，胎児期から成長期にかけての栄養，特にカルシウムの摂取によって大きな影響を受ける。またビタミンD，A，Cが歯の形成に重要な役割をする。

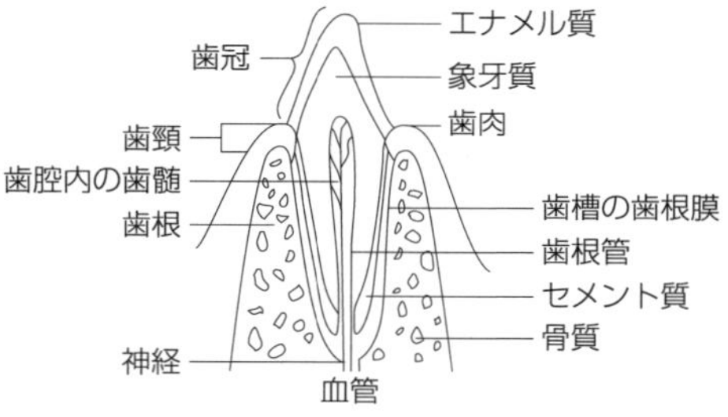

3 唾液腺からの唾液分泌量は1日1ℓ

口腔内に食物が入ると，機械的刺激や味覚によって

● 図3-3 ● 歯の縦断面

反射的に唾液線より唾液が分泌される。唾液腺には無数の小口腔線と3つの大口腔線（**耳下腺**，**顎下腺**，**舌下腺**）があり，1日約1〜1.5ℓの唾液を分泌する。耳下腺から出る唾液は薄い漿液性で**α-アミラーゼ**（唾液アミラーゼ）を含む（分泌量の約25％）。顎下腺からは混合液性唾液（漿液性が主体）を分泌する（分泌量の約70％）。舌下腺からは粘液性でムチン（糖タンパク）に富む唾液を分泌する（分泌量の約5％）。

耳下腺
顎下腺
舌下腺
α-アミラーゼ

（2）咽頭は食物が入ると嚥下反射

咽頭には鼻部，口部，喉頭部がある。水や食物塊が咽頭粘膜に触れると，**嚥下運動**が反射的に起こり，食塊が気管に入らずに食道に送られる。

嚥下運動

（3）食道は食物を胃に移送

食道は咽頭と胃をつなぐ長さ約25 cmの管であり，**ぜん動運動**により食物塊を胃に運ぶ。部分的にやや狭くなっているところがあり，異物の侵入や胃内容物の逆流を防いでいる。

ぜん動運動

（4）胃は食物塊を貯めておく広場

胃は食道に続く袋状の器官で，胃の入口を噴門，噴門より上部を胃底部，中央部を胃体部，十二指腸に続く部分を幽門部という（図3-4）。胃内の粘膜には多数のヒダが縦走し，胃小窩という多数の小孔があって，それぞれの部位で噴門腺，胃底腺，幽門腺が開口している。胃底腺からは**消化酵素（ペプシノーゲン）**と**胃酸（塩酸）**が，幽門腺からはガストリンが分泌される。ペプシノーゲンは胃酸によってペプシンとなって作用する（表3-1）。胃の容量は新生児で約30 mℓ，成人では約1,200〜1,400 mℓといわれる。

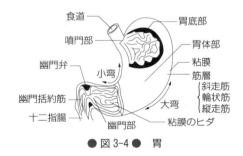

● 図3-4 ● 胃

消化酵素（ペプシノーゲン）
胃酸（塩酸）

● 表3-1 ● 主な消化管ホルモン

ホルモン名	分泌部位	主な作用
ガストリン	胃	胃酸分泌促進，胃粘膜保護，胃運動促進
セクレチン	十二指腸	膵液分泌促進，胃酸・ガストリン分泌抑制
CCK（コレシストキニン）	空腸	胆嚢収縮，膵液分泌促進，摂食抑制
VIP（血管作用性腸管ペプチド）	胃・十二指腸	腸液・膵液分泌促進，胃酸分泌抑制
ソマトスタチン	十二指腸	胃酸分泌抑制

(5) 小腸の表面積はテニスコートの広さ

小腸は全長6～7 mあり，始まりは直径4～6 cmであるが，次第に細くなり末端では2.5～3 cmとなる。胃に近い部分から順に**十二指腸**（25 cm），続いて上部5分の2を**空腸**，下部5分の3を**回腸**という。十二指腸には，総胆管と膵管が合流して幽門から約10 cmのところに開口しており，それぞれ**胆汁**と**膵液**を分泌する。この部分をファーター乳頭という。回腸の出口には括約筋（回盲弁）が発達し，大腸内容の小腸への逆流を防いでいる。

小腸の粘膜表面には多数の輪状のヒダがあり，特に空腸上部で発達している。また無数の**絨毛**（絨突起）とよばれる高さ1 mmの突起があり，ヒダとともに小腸の吸収面積を増大させている。絨毛の表面にはさらに微細な刷毛状の**微絨毛**という高さ1 μmの小突起で覆われている。この**微絨毛膜**（刷子縁膜）は表面積を約600倍まで増大させ，吸収効率を高めている（図3-5）。また各種の加水分解酵素や輸送担体も局在している。空腸では大部分の栄養素やビタミン，ミネラルなどが吸収される。回腸では胆汁やビタミンB_{12}が吸収される。小腸吸収上皮細胞は体内で最も代謝回転の速い細胞の1つであり，ヒトの小腸粘膜からは，1日あたり約250 gの細胞が腸管腔内へと脱落しているものと推定されている。

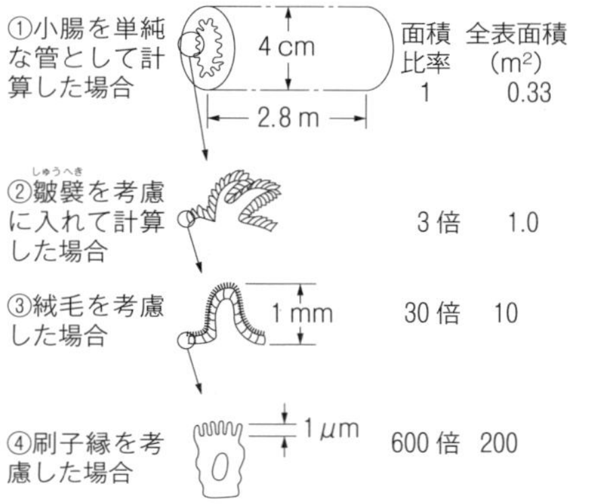

小腸
十二指腸
空腸
回腸
胆汁
膵液

● 図3-5 ● 小腸粘膜の構造と吸収面積との関係
資料：Wilson TH, *Intestinal Absorption*, WB Saunders Co., Philadelphia, 1962, p. 2.
出典：細谷憲政監修，武藤泰敏編著：四童子好廣『消化・吸収―基礎と臨床［改訂新版］』第一出版，2002年，p. 77を筆者一部改変

絨毛（「柔毛」ともいう）
微絨毛膜

	面積比率	全表面積（m²）
①小腸を単純な管として計算した場合	1	0.33
②皺襞を考慮に入れて計算した場合	3倍	1.0
③絨毛を考慮した場合	30倍	10
④刷子縁を考慮した場合	600倍	200

(6) 大腸は盲腸，直腸，回腸

大腸は，全長1.5 m，直径は最も太いところで5～7 cmほどある。**盲腸**，**結腸**（上行結腸，横行結腸，下行結腸，S状結腸），直腸からなる。絨毛はない。腸腺はあるが，粘液を分泌するだけである。

大腸
盲腸
結腸

(7) 肝臓は胆汁を分泌

肝臓は右上腹部にある赤褐色を呈した大きな臓器であり，肝重量は成人では体重の2.4～2.5％，新生児では体重のほぼ5％にあたる。肝臓は

小さく薄い左葉と厚く大きい右葉に分かれ，右葉の下に胆囊がある。肝臓の分泌液である胆汁は**胆汁酸**と**胆汁色素（ビリルビン）**からなる。胆汁は胆囊で濃縮され，必要に応じて1日100〜500mℓが十二指腸に送られる。胆汁には消化酵素は含まれていないが，膵液とともに脂質やタンパク質の消化・吸収を助ける。分泌された胆汁酸の約80〜90%が再吸収され肝臓に戻り再利用される。

胆汁酸
胆汁色素（ビリルビン）

（8）膵臓は膵液とホルモンを分泌

膵臓は，長さ約15cm，重さ約60gの臓器で，**膵液**を分泌する外分泌部と糖代謝にかかわる**インスリン**，**グルカゴン**を分泌する内分泌部に分かれる。ヒトの膵液の1日分泌量は約1〜3ℓであり，糖質分解酵素（膵アミラーゼ）や脂質分解酵素（膵リパーゼ），タンパク質分解酵素の前駆体であるトリプシノーゲン，キモトリプシノーゲンなどを含む。これらの前駆体は，十二指腸において活性型の**トリプシン**，**キモトリプシン**となる。内分泌部は，**ランゲルハンス島**とよばれる細胞が点在している。ランゲルハンス島の α（A）細胞からはグルカゴン，β（B）細胞からはインスリン，δ（D）細胞からは胃酸の分泌を抑制する**ソマトスタチン**が分泌される（表3-1, p.37）。

膵液
インスリン
グルカゴン

トリプシン
キモトリプシン
ランゲルハンス島

ソマトスタチン

2 消化管における消化・吸収

（1）口腔内消化

口腔内の消化は食物を咀嚼して唾液と混合し，唾液アミラーゼによってデンプンを消化し，胃に送り出すことである。

1 咀嚼は顎・舌・口唇・頰の連合運動

食物が歯によってかみ砕かれることを咀嚼という。咀嚼は下顎の上下・左右運動と，舌・口唇・頰の補助的な運動で行われる。この運動は随意運動（自分の意志で動かす運動）であるが，実際に食物を口に入れた場合には，ほとんど反射的に起こる。咀嚼は唾液分泌を高め，酵素と接

触回数を増やして，口腔内での消化を促進する。

② α-アミラーゼを含む唾液

食物が口腔に入ると，反射的に唾液が分泌される。唾液中に含まれるα-アミラーゼはデンプンをデキストリン，さらにマルトース（麦芽糖）にまで分解する。α-アミラーゼは中性付近（pH 6.6～6.8）でよく働くが，胃内の酸性下でもただちに失活することはなく，胃酸やペプシンが食物の中に浸透するまで活性は続く。唾液に含まれるムチンは，食物塊を包んで滑らかにして嚥下を容易にし，消化管の粘膜を保護している。

③ 3相からなる嚥下

食物を飲み込むことを**嚥下**（えんげ）という。食物を飲み込む過程は4～5秒であるが，口腔，咽頭，食道の複雑な運動によって胃まで運ばれる。嚥下は，咽頭粘膜の触刺激による反射運動で，次の3相に分けられる。

舌によって食物塊を口腔から咽頭に押し込む第Ⅰ相（口腔相または随意相），咽頭から食道入口までの第Ⅱ相，食物塊が食道入口から胃の噴門に達する不随意運動の第Ⅲ相である。

嚥下

（2） 食物を消化粥とする胃

胃に入った食物塊は，胃体部から幽門部にかけて起こるぜん動運動により胃液と混和され，半液体状の消化粥となって緊張性収縮によって少量ずつ十二指腸に送り込まれる。この消化粥の十二指腸への移送は，通常食後10分ごろから始まり3～6時間で終わる。

胃内では胃酸と**ペプシン**の消化作用により，タンパク質は部分分解を受けてペプトンを生じる。また，胃リパーゼの作用により，食物由来の脂肪の10～30％が加水分解を受ける。胃内の食物塊は，胃酸（pH 1～2）によってpHが下がり殺菌される。味覚や嗅覚の刺激によって胃の運動や胃酸の分泌が促進されるが，十二指腸粘膜に胃酸や脂肪が触れると胃の運動や胃液の分泌が抑制される。

食物が胃に留まる時間（**胃内滞留時間**）は食物の質と量によって異なるが，糖質の多い食物に比べて，タンパク質や脂肪に富む食物のほうが長い。胃では，アルコールと水分の一部が吸収される。

● 表3-2 ● 食物の胃内滞留時間

（食品100gを摂取した時）

食品名	滞留時間
	（時間）
米　飯	2～2.5
パ　ン	2～2.5
も　ち	2.5
せんべい	2～3
生　卵	2.5
ゆで卵	3～4
半熟卵	1.5
あじ塩焼	3～4
牛すき焼	3～4
牛　乳＊＊	1～2
バター＊	12
水	1～2
コーヒー＊＊	2～3

注：＊50，＊＊200g
出典：飯塚美和子ほか『基礎栄養学［改訂9版］』南山堂，2015年，p.88

ペプシン
胃内滞留時間

（3） 小腸は消化と吸収の接点

小腸は消化・吸収においてもっとも重要な器官である。胃から十二指腸に送られた酸性の消化粥は，アルカリ性の膵液，胆汁，腸液などの分泌液によって中和される。さらに小腸の**ぜん動運動**と**分節運動**により小腸を通過する間に膜消化酵素の作用を受けて，完全に消化されると同時に吸収される（図3-6）。

ぜん動運動
分節運動

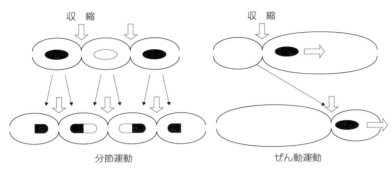

● 図3-6 ● 小腸の運動
出典：竹内昭博『新生理学』日本医事新報社，2013年，p.164を参考に筆者作成

小腸における消化は作用部位によって次の2つに分けられる。

1 管腔内消化

小腸の管腔内では，消化粥が膵液や胆汁とよく混和されるうちに，消化粥の成分のうち糖質，タンパク質，脂質などの高分子の栄養素が胃液や膵液中の消化酵素（アミラーゼ，ペプシン，トリプシン，リパーゼなど）の作用を受けて低分子の化合物に分解される。

2 膜 消 化

膜消化はCrane（1961）とUgolev（1965）によって提唱された。小腸微絨毛膜表面に送られた低分子の栄養素が，微絨毛膜に局在する膜消化酵素（表3-3）によって最終的な消化を受けると同時に細胞膜内へと吸収される過程をいう。膜酵素活性は加齢（胎生期，授乳期，成熟期，老年期），食事，内分泌，ビタミンなどの条件によっても変動する。

膜消化

● 表3-3 ● 各消化管部位から分泌される消化液とおもな消化酵素

部位	消化液	消化腺・一般性状	主な栄養素	消化酵素	基質	主な生成物
口腔	唾液	唾液線：無色・pH 6〜7	糖質	α-アミラーゼ	デンプン	デキストリン，マルトース，イソマルトース，マルトトリオース
胃	胃液	胃腺：無色・pH 1.5〜2	タンパク質	ペプシン	タンパク質	ポリペプチド，オリゴペプチド
			脂質	胃リパーゼ	トリアシルグリセロール	1,2-ジアシルグリセロール，脂肪酸
小腸管腔内	膵液	膵臓：無色・pH 8.5	糖質	α-アミラーゼ	デンプン	限界デキストリン，マルトース，イソマルトース，マルトトリオース
			タンパク質	トリプシン	タンパク質，ポリペプチド	オリゴペプチド
				キモトリプシン	タンパク質，ポリペプチド	オリゴペプチド
				カルボキシペプチダーゼ	アミノ酸	アミノ酸，オリゴペプチド
			脂質	膵液リパーゼ	トリアシルグリセロール	2-モノアシルグリセロール，脂肪酸
	胆汁	肝臓：肝胆汁 黄褐色・pH 8.3 胆嚢：胆嚢胆汁 赤褐色・pH 7.0		消化酵素は存在しない		
	腸液	無色・pH 8.3				
小腸吸収上皮細胞微絨毛膜			糖質	マルターゼ	麦芽糖（マルトース）	ブドウ糖
				スクラーゼ・イソマルターゼ複合体	ショ糖（スクロース）麦芽糖（マルトース）	ブドウ糖，果糖
				ラクターゼ	乳糖（ラクトース）	ブドウ糖，ガラクトース
			タンパク質	エンテロキナーゼ		
				アミノペプチダーゼ		アミノ酸，ジ（トリ）ペプチド
				ジペプチダーゼ（細胞内）	ジペプチド	アミノ酸
			脂質	コレステロール・エステル水解酵素	コレステロール・エステル	遊離脂肪酸，コレステロール

出典：田地陽一編『栄養科学イラストレイテッド基礎栄養学［改訂第2版］』羊土社，2014年，p. 43・51を参考に筆者作成

③ 吸収機構

消化された栄養素が上皮を通過して血管・リンパ管に吸収される経路には，小腸粘膜上皮細胞内を通る**細胞路**と細胞と細胞の間隙を通過する**細胞側路**がある。細胞路は**受動輸送**と**能動輸送**に大別される。受動輸送は細胞内外の濃度勾配にしたがう輸送方式であり，単純拡散（脂溶性ビタミンや脂肪酸など）と，**輸送担体**を必要とする促進拡散（果糖やグルタミン酸など）がある。能動輸送は Na^+ や H^+ などのエネルギーと輸送担体を必要とし，濃度勾配に逆らった積極的な輸送方式である（ブドウ糖，L-アミノ酸，水溶性ビタミンなど）。細胞側路では Na^+ や K^+ が濃度勾配

細胞路
細胞側路
受動輸送
能動輸送
輸送担体

にしたがって吸収（単純拡散）される。

（4） 大腸は水やミネラルを吸収

食後3～5時間で回盲部に達した消化粥は，大腸のぜん動運動，分節運動により，内容物の混和と水の吸収が行われ，24～72時間で糞便として排泄される。大腸のぜん動は小腸のぜん動より大きくて強いが，回数は少なく，持続時間が長い。食物を摂取すると横行結腸からS状結腸にわたって強いぜん動が起こる（**胃―結腸反射**）。

大腸内には数百種，数百兆個の細菌が生育しており（**腸内細菌叢**），大腸はこれらの細菌の助けを借りながら食物繊維などの消化や，水，Na^+，Ca^{2+}などの吸収を行う。大腸内容物の滞留時間は，食物の種類や大腸の機能状態，あるいは精神状態などによって大きく変化する。消化管全体での平均滞留時間は24～72時間程度である。

糞便量は消化・吸収のよい食物を摂取したときは少なく，豆類や野菜類など食物繊維に富んだ食物を摂取したときには多くなる。通常の食事をしている人の成人の糞便量は1日平均120g前後であり，食物残渣のほか，脱落した消化管の細胞なども含まれる。

> 胃―結腸反射
>
> 腸内細菌叢

3 栄養素の消化・吸収

（1） 糖質は単糖として吸収

摂取エネルギーの約60％を占める糖質の摂取源は，主としてデンプンである。唾液アミラーゼや膵アミラーゼによって，管腔内で麦芽糖やマルトトリオースなどの少糖類となり，膜消化酵素（マルターゼ）によりブドウ糖に分解される。ショ糖はスクラーゼによってブドウ糖と果糖に分解される。乳類に含まれる乳糖はラクターゼによってブドウ糖とガラクトースに分解される。ブドウ糖とガラクトースはNa^+共輸送型の輸送担体（SGULT1）によって膜内に能動輸送される。果物に含まれる果糖は，促進拡散型の輸送担体（GLUT5）により吸収される。細胞内に吸収された単糖類は，基底膜に存在する促進拡散型の輸送担体

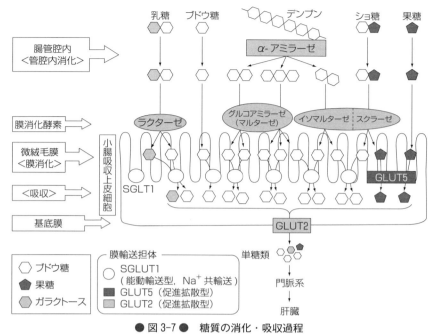

● 図 3-7 ● 糖質の消化・吸収過程

出典：田地陽一編『栄養科学イラストレイテッド基礎栄養学〔改訂第2版〕』羊土社，2014年，p.57 を参考に筆者作成

（GLUT2）により門脈へ移行し，肝臓に運ばれる（図3-7）。

ヒトの幼児期におけるラクターゼ活性は低いが，ヨーロッパや西アジアの民族の中には，成人になっても高い活性をもつ人たちがいる。

近年虫歯になりにくい，あるいはエネルギーになりにくいなどの機能をもったオリゴ糖や糖アルコール（フラクトオリゴ糖，キシリトールなど）が，数多く開発されている。これらの糖は小腸で消化・吸収されずに大腸に達し，腸内細菌によって短鎖脂肪酸，炭酸ガス，メタンガス，水素ガスなどに代謝され，一部は生体のエネルギー源として利用されると考えられている。

（2）脂質の消化・吸収には胆汁酸が不可欠

脂質のエネルギー摂取量に対する適正比率は25％までとされている。脂肪は，1分子のグリセロールに3分子の脂肪酸が共有結合した**トリアシルグリセロール**（中性脂肪）やコレステロールである。胆汁酸は，脂肪を乳化させて膵リパーゼの作用を受けやすくする。脂肪は脂肪酸，モノアシルグリセロール，ジアシルグリセロールに分解されると，胆汁酸

脂質

トリアシルグリセロール

と混合されて**ミセル**を形成して，小腸壁を通過する。小腸吸収上皮細胞に吸収された脂肪酸は，再びトリアシルグリセロールとなり，さらにリポタンパク質（カイロミクロン，超低密度リポタンパク質，高密度リポタンパク質）となって，リンパ管へと運ばれる（図3-8）。ミセルを形成していた胆汁酸塩は，小腸下部で吸収され再び肝臓へ取り込まれる（腸肝循環）。炭素数が長鎖脂肪酸（LCT）の約半分である中鎖脂肪酸（MCT）は，そのまま吸収され肝臓へ運ばれる。

ミセル

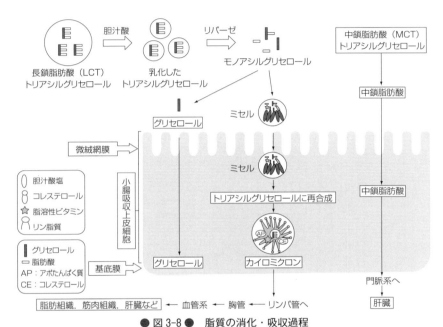

● 図3-8 ● 脂質の消化・吸収過程

出典：田地陽一編『栄養科学イラストレイテッド基礎栄養学［改訂第2版］』羊土社，2014年，p.59，中屋豊『よくわかる栄養学の基本としくみ』秀和システム，2010年，p.54を参考に筆者作成

（3）タンパク質はアミノ酸として吸収

タンパク質のエネルギー摂取量に対する適正比率は13〜20％である。**タンパク質**は**アミノ酸**がペプチド結合で多数つながったポリペプチドである。膵タンパク質分解酵素の作用により生じた**ペプチド**は，微絨毛膜に局在する種々のペプチダーゼによって加水分解され，アミノ酸，ジペプチド，トリペプチドとなり，アミノ酸輸送担体，ペプチド輸送担体によって小腸吸収上皮細胞内に吸収される。ヒトの体内で必要な20種類のアミノ酸は，酸性アミノ酸，塩基性アミノ酸，中性アミノ酸に分類さ

タンパク質
アミノ酸
ペプチド

れるが，それぞれ異なった輸送担体が存在する。吸収されたアミノ酸は門脈を経て肝臓に運ばれる。

摂食行動は脳で調節

　摂食行動は，脳の視床下部にある**摂食中枢**（視床下部外側野）と**満腹中枢**（視床下部腹内側野）で調節されている。これらの中枢は，食事摂取によって変動する血中のブドウ糖やアミノ酸，脂肪酸の濃度や，消化・吸収にかかわった膵や腸のホルモン濃度などに反応して調節している。現在は，胃から分泌され食欲を亢進するグレリンや，脂肪細胞から分泌され食欲を抑制するレプチンなど摂食調節にかかわる脳―腸ペプチドといわれる因子も数多く解明されている[1]。うま味の成分であるグルタミン酸（非必須アミノ酸）は食物摂取の認知とその後の消化・吸収，代謝の調節にもかかわっている[2]。さらに，たとえ満腹状態であってもある特定の食物を食べてしまうという学習性の摂食行動や，摂食調節における咀嚼の重要性についても解明されている[3]。

　また，消化管の運動や，消化・吸収にかかわるホルモンや消化酵素の分泌は，1日の時間帯により変動がある（**日内リズム**）。規則正しい時間に摂食を繰り返すと，摂食の前から消化酵素の分泌が起こり（摂食予知反応によるリズム形成），効率よく消化・吸収が行われる。

摂食中枢
満腹中枢

日内リズム

【引用文献】
1）坂元昭裕・中里雅光「消化管ホルモンは全身を管理しているのか」『分子消化器病』10(1)，2013年，pp.33-37
2）岩槻健・市川玲子・畝山寿之「消化管における味覚受容について」『G. I. Research』19(3)，2011年，pp.231-238
3）山本　隆「おいしさから過食へ　脳内報酬系の働き」『化学と生物』45，2007年，pp.21-26

【参考図書・推薦図書】
1）細谷憲政監修，武藤泰敏編著『消化・吸収――基礎と臨床［改訂新版］』第一出版，2002年，pp.17-145，pp.235-262，p.365
2）田地陽一編『基礎栄養学［改訂第2版］』羊土社，2014年，pp.38-67
3）木戸康博，桑波田雅士，中坊幸弘編『基礎栄養学［第3版］』講談社，2015年，pp.31-41，pp.61-106

まとめ

1 消化・吸収とは，食物として摂取した高分子の栄養素を低分子のものにまで分解し，体内に取り入れて利用することである。

2 消化・吸収にかかわる器官を消化器系といい，消化管（口腔・咽頭・食道・胃・小腸・大腸・肛門）と実質器官（唾液腺・肝臓・胆嚢・膵臓）からなる。

3 消化は，消化方式により咀嚼やぜん動運動による機械的消化と，消化酵素の作用による化学的消化に分けられる。

4 消化・吸収において最も重要なのは，小腸における膜消化である。微絨毛膜表面において，膜消化酵素により最終的な消化を受けると同時に細胞膜内へと吸収される過程をいう。

5 膜消化酵素により糖質は単糖に，タンパク質はペプチド，アミノ酸にまで分解されて吸収される。脂肪は，グリセロールや脂肪酸に分解された後，胆汁酸とミセルを形成して吸収される。

6 摂食行動は，脳の視床下部にある摂食中枢と満腹中枢で調節されており，種々のホルモンやペプチドが関与する。また，日内リズムを考慮した規則正しい摂食行動が，消化・吸収の面からも大切である。

第4章
エネルギー代謝と身体活動

1 エネルギー代謝

　私たちは食物を摂取，その食物中に含まれる栄養素を体内で代謝することにより，生命の維持や身体活動などに関わる各種のエネルギーを作り出し消費している。この摂取した栄養素が体内で生命活動のために使用される過程を**エネルギー代謝**という。各種エネルギーとは，体温上昇に関わる熱エネルギー，神経活動に関わる電気エネルギー，身体活動に関わる機械エネルギー，物質の合成・分解に関わる化学エネルギーなどがある。

エネルギー代謝

　エネルギーは，国際的には**ジュール（J）**という単位で示すのが一般的である。わが国においては食品のエネルギーやヒトの生理的活動に関わるエネルギーの単位として，**カロリー（cal）**とジュール（J）が併用されている。1 cal は，1気圧下で1gの水の温度を14.5℃から15.5℃へと変化させるのに必要なエネルギーのことである。食品や生理活動に関わるエネルギーは1000cal単位で示されることが多く，**キロカロリー（kcal）**が用いられている。なお，1 cal＝4.184J として換算される。

ジュール（J）

カロリー（cal）

キロカロリー（kcal）

（1）食品のもつエネルギー

　食品に含まれる栄養素のうち，エネルギー源として利用が可能なのは，糖質・脂質・タンパク質である。これら3つの栄養素をまとめてエネルギー産生栄養素（三大栄養素）という。食品の持つエネルギーは，ボンベ熱量計（ボンベカロリーメーター）を用い，食品を完全に燃焼させることによって得られるエネルギー量（**物理的燃焼値**）を測定することにより把握することができる。食品にはエネルギー産生栄養素以外にもビタミンやミネラルといった栄養素が含まれているが，これらの物理的燃焼値はごくわずかである。

物理的燃焼値

● 表 4-1 ● 栄養素の燃焼値

	物理的燃焼値 ボンベカロリーメーター (kcal/g)	生理的燃焼値 アトウォーターの係数 (kcal/g)
炭水化物	4.10	4
脂質	9.45	9
タンパク質	5.65	4

出典：奥田豊子編著『スポーツ栄養学［第5版］』嵯峨野書院，2013年，p.43 を一部改変

　糖質や脂質は，ボンベ熱量計で燃焼させてもヒトの体内で代謝されても，得られる生成物はほぼ同じであることから，物理的燃焼値と人の体内で生成されるエネルギー量はほとんど変わらない。一方，タンパク質は体内で代謝されると尿素などの窒素化合物となり，燃焼されずに体外に排泄されるため，物理的燃焼値と人の体内で生成されるエネルギー量は異なる（物理的燃焼値の方が多い）。そのため，タンパク質に関しては一部あてはまらない食品はあるものの，多くの食品に対しアトウォーターが考案した**生理的燃焼値**が採用されている（表4-1）。各栄養素1g当たりの体内でのエネルギー発生量のことを，**エネルギー換算係数**といい，アトウォーターが示した指数をアトウォーターのエネルギー換算係数（**アトウォーターの係数**）という。

生理的燃焼値

エネルギー換算係数

アトウォーターの係数

　ヒトは生活活動や運動・スポーツなどで消費するエネルギー量と食事などにより摂取するエネルギー量とのバランスにより体重の増減が決まる。消費するエネルギー量の多いスポーツを行う時に，チョコレートなどの脂質や糖質が多い食品の摂取は効率の良いエネルギー補給となるが，スポーツをしないオフシーズンや引退後でもスポーツをしている時と同じように食べると，肥満となることもある。ヒトの体内では，解糖系や電子伝達系を介して産生するアデノシン三リン酸（ATP）がエネルギー産生に需要な役割を担っている。

（2） 身体活動のエネルギー

　ヒトは骨格筋を収縮・弛緩させることにより身体を動かしている。この筋収縮に必要なエネルギーは，**アデノシン三リン酸（ATP）**がアデノシン二リン酸（ADP）と無機リン酸（Pi）とに分解するときに生じるものである。しかし筋肉内にはATPは微量しか存在せず，分解によって生成されたADPをATPに再合成する必要がある。ATPの再合成には，

アデノシン三リン酸（ATP）

ATP-PCr 系，乳酸系，有酸素系の3ルートがある（図4-1）。

① ATP-PCr 系

筋繊維内には，高濃度の**クレアチンリン酸（PCr）**が含まれており，ATP-PCr 系ではこの PCr がクレアチン（Cr）とリン酸（Pi）に分解するときに生じるエネルギーを利用して ATP を再合成する。ATP-PCr 系は酸素を必要とせず，エネルギー供給速度がもっとも早いものの，PCr の量に限りがあるため，エネルギー供給時間が 7～8 秒と，もっとも短い。

② 乳酸系（解糖系）

乳酸系では，筋肉中に蓄積されている糖質（**グリコーゲン，グルコース**）が酸素を用いずに部分的に分解され乳酸が産生される過程で生じるエネルギーを利用して ATP を再合成する。ATP-PCr 系よりも多くのエネルギーを作り出すもののエネルギー供給速度は3つの系の中で中間であり，エネルギー供給時間は 32～33 秒である。乳酸系は，ATP-PCr 系と同様に酸素を必要としないため，この2つをまとめて無酸素系という。

③ 有酸素系

糖質から生ずるピルビン酸や脂質から生ずる遊離脂肪酸（FFA）から生成されたアセチル CoA は，**TCA 回路**に取り込まれ，多くの酸素を利用しながら代謝される。その際，TCA 回路では水素と二酸化炭素のみならずエネルギーが生じ，そのエネルギーを利用して ATP を再合成する。

有酸素系は酸素を必要とし，エネルギー供給速度はもっとも遅いが，エネルギー供給時間はもっとも長い。酸素が十分に供給され，体内の糖質や脂質が十分蓄えられていれば，長時間エネルギーを供給し続けられる。

クレアチン・リン酸（CP）の分解によってATPは再合成される

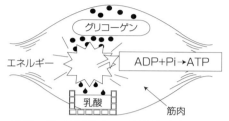
グリコーゲンの分解によってATPは再合成される

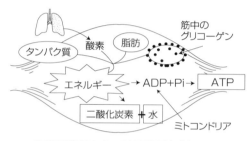
有酸素性反応によってATPは再合成される

● 図4-1 ● ATP 再合成のエネルギー供給機構
出典：フォックス，E.L.『選手とコーチのためのスポーツ生理学』朝比奈一男監訳，大修館書店，1982年

クレアチンリン酸（PCr）
グリコーゲン
グルコース
TCA 回路

（3） エネルギー供給系とスポーツ種目

スポーツにはさまざまな種目が存在するが，エネルギー供給系より，

● 表 4-2 ● エネルギー供給系とスポーツ種目

運動時間	主なエネルギー供給系	スポーツの種類（例）	パワーの種類
30秒以下	ATP-PCr系	砲丸投げ，100m走，盗塁，ゴルフ，テニス，アメリカン・フットボールのバックスのランニングプレー	ハイパワー
30秒～1分30秒	ATP-PCr系＋乳酸系	200m走，400m走，スピード・スケート（500m，1,000m），100m競泳	ミドルパワー
1分30秒～3分	乳酸性＋有酸素系	800m走，体操競技，ボクシング（1ラウンド），レスリング（1ピリオド）	
3分以上	有酸素系	1,500m競泳，スピード・スケート（10,000m），クロスカントリー・スキー，マラソン，ジョギング	ローパワー

出典：北川薫『運動とスポーツの生理学』市村出版，2001年，p.14 を筆者一部改変

ハイパワー（筋力・瞬発力）系，ミドルパワー（筋持久力）系，ローパワー（持久力）系に分けることができる（表4-2）。ハイパワー系は短時間のうちに全力を出しきる種目であり，そのためATP-PCr系が主としたエネルギー供給系となる。一方，ローパワー系は長期にわたり継続した運動を行う種目であり，そのため有酸素系がエネルギー供給系の主となる。ミドルパワー系は両者の間であり乳酸系が主としたエネルギー供給系であるが，その中でも運動の時間等によりATP-PCr系もしくは有酸素系が多く混在することになる。

2　1日で消費するエネルギー量

私たちが日常生活においてエネルギーを過不足なく摂取するためには，1日でどれだけエネルギーを消費するのかを知ることが重要である。特に競技力向上を目指すスポーツ選手においては通常の**エネルギー消費量**（energy expenditure）以上の消費があり，良好なコンディションを維持するうえでも大切である。

図4-2に，1日に消費するエネルギー量について示した。1日の**総エネルギー消費量**（Total Energy Expenditure: TEE）は，基礎代謝量，食事誘発性体熱産生，および活動代謝量の総和で表される。

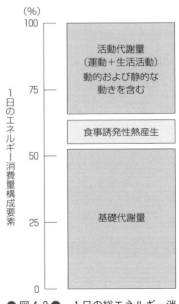

● 図4-2 ● 1日の総エネルギー消費量の内訳

出典：藤井久雄編著『スポーツの栄養学』アイ・ケイ・コーポレーション，2011年，p.45

（1） 基礎代謝量（BMR）

　基礎代謝とは，ヒトが生命維持に必要な最低限の代謝のことである。体を完全に休息させていても，私たちの身体は心臓を動かしたり呼吸をしたり，体温を維持するために熱を産生させたりといった活動を行っている。これらは生命を維持するための代謝であり，そのために必要なエネルギー消費量を**基礎代謝量**（Basal Metabolic Rate: **BMR**）という。

基礎代謝量（BMR）

　基礎代謝量を左右する要因には，年齢（加齢とともに減少），性別（筋肉量が影響），体格（身体の熱の大部分は皮膚から放出されるので，体表面積の大きさに比例する），体組成（筋肉量が多いほど大きい），気温（27℃あたりが最もエネルギー消費量が少ない）などがある。

　基礎代謝量を測定する際には，前夜の夕食から絶食した早朝（食事による影響を避けるため），快適な温度・湿度の条件（体温コントロールを必要としない，温度：20～25℃，湿度50～60％程度）で，ゆったり仰臥した安静覚醒状態（心身ともにリラックスした状態）を保持しながら実施しなければならない。一方で，通常の座位で安静にしている状態の代謝量を**安静時代謝量**（Resting Metabolic Rate: **RMR**）という。基礎代謝に対し，食事や姿勢制御のための影響を受けており，通常基礎代謝量の1.2倍程度として計算される。多くの身体活動はこの状態で行われるので，活動時のエネルギー消費量を算出する際の基準として用いられている。

安静時代謝量（RMR）

　また，おおよその基礎代謝量は年齢や体重などを用い，**基礎代謝基準値**を用いて算出することができる。巻末資料に日本人の食事摂取基準の参照体重における基礎代謝について示した（巻末・表1-1，p.158）。

基礎代謝基準値

〈例〉20歳65 kgの男性における基礎代謝量
　　　24.0 kcal/kg体重/日×65 kg＝1,560 kcal/日

（2） 食事誘発性体熱産生（DIT）

　食事をした後，糖質，脂質，タンパク質が体内で消化・吸収されるために必要なエネルギー消費量を，**食事誘発性体熱産生**（Diet Induced Thermogenesis: **DIT**）という。食事誘発性体熱産生は食事の内容や量により異なる。各栄養素によるエネルギーの消費量は，摂取エネルギーに

食事誘発性体熱産生（DIT）
「食事誘導性熱産生」ともいう（第6章，p.85を参照）

対し糖質で約10％，脂質で約7％，タンパク質で約30％代謝が亢進するが，日本人の平均的な栄養摂取状況から，食事誘発性体熱産生は総エネルギー摂取量の10％程度とされている。

（3）活動代謝量（PAEE）

日常生活におけるスポーツ活動はもちろんのこと，仕事や作業などの身体活動により亢進するエネルギー量を，**活動代謝量**（Physical Activity Energy Expenditure: **PAEE**）という。同じ活動であっても，体格の違いにより必要とされるエネルギーは異なる。また，身体活動のエネルギー消費量は，一般の人で総エネルギー消費量の30〜40％と考えられているが，運動習慣のある人，特にスポーツ選手においては50％を超えることもある。

活動代謝量（PAEE）

活動代謝量がどの程度の強さを示すのかについては，第六次改定日本人の栄養所要量（1999年：現在では「日本人の食事摂取基準」として改定されている）から身体活動強度として**動作強度**（Activity factor: **Af**）が取り入れられるようになった。動作強度とは，さまざまな身体活動により消費されるエネルギーの総量（基礎代謝を含む）が，そのときの基礎代謝量の何倍に相当するかで表す運動強度である。1日の生活の活動と動作強度を利用することにより，1日のエネルギー消費量を算出することができる。

動作強度（Af）

現在では，日本人の食事摂取基準［2010年版］からMETs（メッツ）が取り入れられるようになった。**METs**（Metabolic Equivalents）とは，さまざまな身体活動により消費されるエネルギーの総量（基礎代謝を含む）が，そのときの安静時代謝量の何倍に相当するかで表す身体活動強度である。

METs

> METs（メッツ）＝活動時総エネルギー消費量／安静時代謝量

METsは，**酸素摂取量**（1分間あたりの体内に酸素を取り込む量，Oxygen intake: $\dot{V}O_2$）をもとに算出している。すなわち，1メッツは安静時の酸素摂取量の3.5 ml/kg/min.に相当する。酸素1ℓあたりのエネルギー産生量は約5 kcalであるので，各種スポーツのエネルギー消費量が次の式により容易に算出することができる。

酸素摂取量

> エネルギー消費量＝METs×体重（kg）×時間（時間）×1.05

表4-3に各種運動・生活活動におけるMETsについて示した。たとえば体重50kgの者がテニス（ダブルス）の試合を30分実施したとすると，その運動で消費したエネルギー量は，

> 4.5（METs）×50（kg）×0.5（時間）×1.05 ≒ 56 kcal

となる。ただし，METsは酸素摂取量をもとに算出されているがゆえに，無酸素運動のような非常に激しい運動では使用できず注意が必要である。

コラム

睡眠時代謝量

睡眠中は睡眠の深度による違いはあるものの，心拍数や呼吸が低く筋肉も弛緩(しかん)している。このときの代謝量を睡眠時代謝量という。以前は基礎代謝よりもやや低いとされていたが，現在は基礎代謝量と同等であるとされている。

---

3 エネルギー消費量の評価方法

エネルギー消費量の測定には，ヒトが発生させる熱を測定する直接法と，酸素摂取量や心拍数などの測定より算出する間接法とがある。安価で簡便かつ正確に測定できる方法はまだない。

(1) 直接熱量測定法

ヒトが発する熱を測定し，そこから消費エネルギーを求める方法である。ルーム・カロリーメーター（room calorimeter）とよばれる気密性，断熱性が高い特殊な部屋（チャンバー）にヒトが入り，ヒトが発生させる熱を部屋の外側に通したパイプの中の水が吸収し，その水の温度差からヒトの放出する熱量，すなわちエネルギー消費量を測定する方法である（図4-3）。測定は精度が高いものの，大がかりな装置が必要であるが装置の価格も高く一般的ではない。また，部屋に入り測定するので動き

● 表 4-3 ● 運動・生活活動におけるメッツの目安

メッツ	3メッツ以上の運動の例
3.0	ボーリング，バレーボール，社交ダンス（ワルツ，サンバ，タンゴ），ピラティス，太極拳
3.5	自転車エルゴメーター（30〜50ワット），自体重を使った軽い筋力トレーニング（軽・中等度），体操（家で，軽・中等等），ゴルフ（手引きカートを使って），カヌー
3.8	全身を使ったテレビゲーム（スポーツ・ダンス）
4.0	卓球，パワーヨガ，ラジオ体操第1
4.3	やや速歩（平地，やや速めに＝93 m/分），ゴルフ（クラブを担いで運ぶ）
4.5	テニス（ダブルス）*，水中歩行（中等度），ラジオ体操第2
4.8	水泳（ゆっくりとした背泳）
5.0	かなり速歩（平地，速く＝107 m/分），野球，ソフトボール，サーフィン，バレエ（モダン，ジャズ）
5.3	水泳（ゆっくりとした平泳ぎ），スキー，アクアビクス
5.5	バドミントン
6.0	ゆっくりとしたジョギング，ウェイトトレーニング（高強度，パワーリフティング，ボディビル），バスケットボール，水泳（のんびり泳ぐ）
6.5	山を登る（0〜4.1 kgの荷物を持って）
6.8	自転車エルゴメーター（90〜100ワット）
7.0	ジョギング，サッカー，スキー，スケート，ハンドボール*
7.3	エアロビクス，テニス（シングルス）*，山を登る（約4.5 kg〜9.0 kgの荷物を持って）
8.0	サイクリング（約20 km/時）
8.3	ランニング（134 m/分），水泳（クロール，ふつうの速さ，46 m/分未満），ラグビー*
9.0	ランニング（139 m/分）
9.8	ランニング（161 m/分）
10.0	水泳（クロール，速い＝69 m/分）
10.3	武道・武術（柔道，柔術，空手，キックボクシング，テコンドー）
11.0	ランニング（188 m/分），自転車エルゴメーター（161〜200ワット）
メッツ	3メッツ未満の運動の例
2.3	ストレッチング，全身を使ったテレビゲーム（バランス運動，ヨガ）
2.5	ヨガ，ビリヤード
2.8	座って行うラジオ体操

メッツ	3メッツ以上の生活活動の例
3.0	普通の歩行（平地，67 m/分，犬を連れて），電動アシスト付き自転車に乗る，家財道具の片づけ，子どもの世話（立位），台所の手伝い，大工仕事，ギター演奏（立位）
3.3	カーペット掃き，フロア掃き，掃除機をかける，電気関係の仕事：配線工事，身体の動きを伴うスポーツ観戦
3.5	歩行（平地，75〜85 m/分，ほどほどの速さ，散歩など），楽に自転車に乗る（8.9 km/時），階段を下りる，軽い荷物運び，車の荷物の積み下ろし，荷づくり，モップがけ，床磨き，風呂掃除，庭の草むしり，子どもと遊ぶ（歩く／走る，中強度），車椅子を押す，釣り（全般），スクーター（原付）・オートバイの運転
4.0	自転車に乗る（≒16 km/時未満，通勤），階段を上る（ゆっくり），動物と遊ぶ（歩く／走る，中強度），高齢者や障がい者の介護（身支度，風呂，ベッドの乗り降り），屋根の雪下ろし
4.3	やや速歩（平地，やや速めに＝93 m/分），苗木の植栽，農作業（家畜に餌を与える）
4.5	耕作，家の修繕
5.0	かなり速歩（平地，速く＝107 m/分），動物と遊ぶ（歩く／走る，活発に）
5.5	シャベルで土や泥をすくう
5.8	子どもと遊ぶ（歩く／走る，活発に），家具・家財道具の移動・運搬
6.0	スコップで雪かきをする
7.8	農作業（干し草をまとめる，納屋の掃除）
8.0	運搬（重い荷物）
8.3	荷物を上の階へ運ぶ
8.8	階段を上る（速く）
メッツ	3メッツ未満の生活活動の例
1.8	立位（会話，電話，読書），皿洗い
2.0	ゆっくりした歩行（平地，非常に遅い＝53 m/分未満，散歩または家の中），料理や食材の準備（立位，座位），洗濯，子どもを抱えながら立つ，洗車・ワックスがけ
2.2	子どもと遊ぶ（座位，軽度）
2.3	ガーデニング（コンテナを使用する），動物の世話，ピアノの演奏
2.5	植物への水やり，子どもの世話，仕立て作業
2.8	ゆっくりした歩行（平地，遅い＝53 m/分未満），子ども・動物と遊ぶ（立位・軽度）

＊ 試合の場合。
出典：厚生労働省「健康づくりのための運動指針エクササイズガイド 2006」

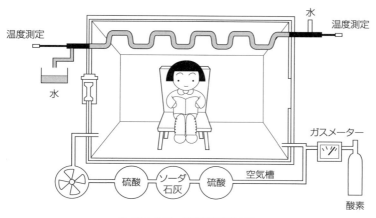

● 図 4-3 ● 直接熱量測定法

資料：Atwater, W. O. and Benedict, F. G., Experiments on the metabolism of matter and energy in the human body, *USDA, Off. Exp. Stn. Bull*, 109, 1902, pp. 1898-1900
Atwater, W. O. and Rosa, E. B., A respiration calorimeter and experiments on the conservation of energy in the human body, *Ann Report Storrs Agric. Exp. Stn.*, 10, Storrs, Ct., 1897, pp. 212-242
出典：奥田豊子編著『スポーツ栄養学［第 5 版］』嵯峨野書院, 2013 年, p. 48

がなく，活動時のエネルギー消費量の測定には不向きである。

（2）間接熱量測定法

　直接熱量を測定するのではなく，体内で糖質，脂質，タンパク質それぞれがエネルギーを産生する際に取り込まれた酸素量と二酸化炭素排泄量，および尿中の窒素排泄量からエネルギー消費量を算出する方法である。
　その推定式は，下記のとおりである。

> エネルギー消費量(kcal)＝3.9×酸素摂取量(ℓ)＋1.1×二酸化炭素排泄量(ℓ)
> 　　　　　　　　　　　　　　　　　　　　　　　　　　　　　　　　（Weir, 1949）

　また，この測定原理に基づき酸素摂取量や心拍数の測定より推定したり，手軽にエネルギー消費量を推定できる簡易法が普及している。
　① 酸素摂取量からの算出
　酸素 1 ℓ あたりのエネルギー産生量は約 5 kcal であることから，酸素摂取量の測定により算出する。測定は，呼気ガス（吐く息）分析によるが，ダグラスバッグといわれる専門袋の中に呼気をためる方法（**ダグラスバッグ法**）（図 4-4）や，呼吸代謝室を用いる**ヒューマンカロリメーター法（メタボリックチャンバー法）**がある。前者は簡便で古くからよく用

ダグラスバッグ法

ヒューマンカロリメーター法

メタボリックチャンバー法

いられてきた方法であるが，近年では測定機材の進歩にともない，**ブレス−バイ−ブレス法**により呼気ガスを直接分析し算出することができる。しかし，マスクやマウスピースを装着する必要があり，活動に制限がある。後者は部屋の広さの制限はあるもののマスク等を装着することなく測定でき，睡眠中などの測定が可能である。

② 心拍数からの算出

心拍数は中−高強度の運動時に酸素摂取量と正の相関が高く，心拍数を測定することにより酸素摂取量（エネルギー消費量）を算出する方法である。日常生活中の通常の身体活動の強度である低強度には対応しづらいものの，トレーニング中における運動のエネルギー消費量を測定するには便利な方法である。あらかじめ心拍数と酸素摂取量を測定し，回帰式を求めれば，運動中の心拍数の変動より酸素摂取量が算出できる。この方法であれば長時間のエネルギー消費量を測定することが可能であるが，低強度の運動や安静時におけるエネルギー消費量を多く算出してしまう可能性もある。

③ **二重標識水法**（Doubly Labeled Water method: **DLW法**）

二重標識水法（DLW法）とは，水素（H）と酸素（O）の安定同位体（^{2}H と ^{18}O）を含む水（二重標識水）を摂取させて，エネルギー消費量を測定する方法である。二重ラベルした水を一定量摂取し，体外へ排泄される同位体の経過時間により算出する。^{2}H は水分としてのみ排泄されるが，^{18}O は水分と呼気中に二酸化炭素として排泄されるので，減少速度の差によって体外に排泄された二酸化炭素を算出することができる。

二重標識水法は験者への負担が少なく，身体活動も制限がなく測定の精度も高いが，二重標識水がかなり高価であるという欠点がある。

④ **生活時間調査法**（Time Study法）

1日の活動を1分ごとに記録し，行動別の消費時間に動作強度（Af）を掛け合わせることで，1日の総エネルギー消費量を算出することができる（表4-4, p.58）。この方法は生活の記録をつけるわずらわしさがあり，正確な値は得られないものの，筆記用具のみで算出することができ，おおよその1日のエネルギー消費量を把握するのに便利である。

また，1日の生活時間調査が困難な場合や計算のわずらわしさを少なくするため，1日の活動を「眠る」，「座る」，「立つ」，「歩く」，「早足で

● 図4-4 ● ダグラスバッグ法

出典：奥田豊子編著『スポーツ栄養学』嵯峨野書院, 2013年, p.49

ブレス−バイ−ブレス法

二重標識水法（DLW法）

生活時間調査法

● 表 4-4 ● 生活時間調査表

	生活活動	時間（分）	動作強度（Af）	時間×（Af）
生理活動	睡眠	420	1.0	420×1.0＝420
	食事	100	1.4	100×1.4＝140
	身の回り（身支度，洗顔，便所）	70	1.5	70×1.5＝105
	入浴	30	1.5	30×1.5＝45
	小計	620		710
家事	炊事（準備，片づけ）	60	1.4	60×1.4＝84
	洗濯（電気洗濯機）	30	2.2	30×2.2＝66
	掃除（電気掃除機）	30	2.7	30×2.7＝81
	掃除（拭き掃除）	20	4.5	20×4.5＝90
	買物（歩行）	90	2.2	90×2.2＝198
	買物（自転車）	20	3.6	20×3.6＝72
	庭掃除（草むしり）	30	3.0	30×3.0＝90
	小計	280		681
仕事	通勤（自転車）	10	3.6	10×3.6＝36
	机上事務	220	1.6	220×1.6＝352
	談話（立位）	20	1.3	20×1.3＝26
	小計	250		414
余暇	娯楽（座位談話）	100	1.0	100×1.0＝100
	テレビを見る	120	1.0	120×1.0＝120
	散歩	50	2.2	50×2.2＝110
	テレビ体操	20	4.5	20×4.5＝90
	小計	290		420
1 日 合 計		1,440		2,225

出典：健康・栄養情報研究会編『日本人の栄養所要量──食事摂取基準の活用［第 6 次改定版］』第一出版，2001 年を一部改変

歩く」,「筋肉を使った運動」の 6 つに分類し，行動別の消費時間に動作強度を掛け合わせて算出する簡易時間調査が便利である（表 4-5, p.59）。

⑤ **加速度計法**

加速度の変化より身体活動の強度を推定し，エネルギー消費量を算出する方法である。加速度や歩数は酸素摂取量と正の相関が高いことを利用しているが，一般に市販されている万歩計は上下方向（1 次元）の加速度の変化から歩数を換算している。多くの機器は数 10 g 程度の小さなものなので，腰や胸につけるだけで測定でき，負担が少ない。現在では，より精度を高めた 3 次元の加速度計も市販されている。しかし，動きの激しい運動においては測定誤差が大きく，使用にあたっては誤差を考慮する必要がある。

● 表 4-5 ● 簡易時間調査表

生活動作	時間（分）	動作強度（Af）	時間（分）×（Af）
1日合計して何時間眠っていましたか		1.0	
1日合計して約何時間座っていましたか		1.0	
1日合計して約何時間立っていましたか		1.5	
1日合計して約何時間歩きましたか（通勤，買物，散歩など）		2.5	
1日合計して約何時間早足で歩きましたか（通勤，買物，散歩など）		4.5	
仕事やスポーツで筋肉を使った身体活動を約何時間しましたか		7.5	
合　計	1,440		

出典：健康・栄養情報研究会編『日本人の栄養所要量——食事摂取基準の活用[第6次改定版]』第一出版，2001年を一部改変

健康づくりのための身体活動

　現在，私たちの身の回りでは，余暇時間に行う「運動」のみならず，家庭電化製品の発達や交通網の整備等により日常の身体活動量が減少し，今やわが国の80％の者が運動不足状態にあるといわれている。日ごろの身体活動量が減少すると，肥満や糖尿病，循環器疾患などの生活習慣病の発症原因ともなる。身体活動（生活活動・運動）は，栄養・食生活や休養・睡眠，心の健康とともに健康づくりに欠かすことができない生活習慣であり，健康づくりにおいて重要な役割を担う。

　厚生労働省は，国民の健康を増進させる取り組みとして1978（昭和53）年から「国民健康づくり運動」を開始し，2013（平成25）年度からは「**健康日本21（第二次）**」として健康づくりのための取り組みを推進している。その中の，身体活動・運動分野における取り組みについては，平成元年に「健康づくりのための運動所要量」，1993（平成5）年に「健康づくりのための運動指針」が策定された。2006（平成18）年には「**健康づくりのための運動基準2006——身体活動・運動・体力**」を策定し，そこでは私たちが手軽に日常生活の中で行うことができる指針として「**エクササイズガイド2006**」が策定された。

　現在では，「健康日本21（第二次）」を推進するために「**健康づくりのための身体活動基準2013**」が策定され，**健康づくりのための身体活動指針（アクティブガイド）**が利用されている。「健康づくりのための身体活動基準2013」で示される身体活動とは，たんにスポーツや運動のことだけではなく，安静状態よりも多くのエネルギーを消費する動作について

> 健康日本21（第二次）
>
> 健康づくりのための運動基準2006
>
> エクササイズガイド2006
> 健康づくりのための身体活動基準2013
> 健康づくりのための身体活動指針

のことである。つまり健康の増進や体力の向上，レクリエーションなどの目的をもって計画的・継続的に行われる活動である「運動」のみならず，日常生活を営むうえで必要な労働や家事，通勤・通学等にともなう「生活活動」も含むものである。また，今までは1つの基準で示されていたのに対し，18〜64歳の基準，65歳以上の基準，すべての世代に共通する方向性が示された。なお，18歳未満に関しては，十分な科学的根拠（エビデンス）がないため，現段階では基準は設定されていない。

（1） 18〜64歳の基準

日常生活で身体を動かす身体活動量の基準は，「強度が3メッツ以上の身体活動を1週間に23メッツ・時」であり，具体的には歩行またはそれと同等以上の身体活動を毎日60分行うことである。3メッツ以上の身体活動は，犬の散歩や掃除，自転車に乗るなどがそれに相当する（表4-3, p.55）。強度が3メッツ以上の身体活動を「1週間に23メッツ・時」実施した際の1日の歩数は約6,000歩に相当し，3メッツ未満の身体活動時の歩数と合わせると，およそ8,000〜10,000歩に相当する。

また，スポーツなどで身体を動かす運動量の基準は，「強度が3メッツ以上の運動を1週間に4メッツ・時」であり，具体的には息が弾み汗をかく程度の運動を毎週60分行うことである（表4-3, p.55）。

（2） すべての世代に共通する方向性

すべての世代における身体活動（生活活動・運動）の考え方は，「現在の身体活動量を少しでも増やす」ことである。そのために，厚生労働省は今より毎日10分多く身体を動かすことを推奨している。身体活動量には個人差があり，特に活動量が少ない者にとって1週間に何メッツ・時といった基準を設け運動させることは困難である。よって，少しでも身体を動かすことを目的に「＋10（プラステン）：今より10分多くからだを動かそう」をメインメッセージとして広く運動の普及活動を行っている。

5 アスリートのエネルギー消費量と種目特性

　アスリートは日頃からトレーニングにより身体活動を活発に行っており，一般の者よりもその分のエネルギー消費量が多く，相対的にエネルギー不足に陥りがちである。エネルギー不足はパフォーマンスの低下や健康などに影響するため，それぞれの種目に応じたエネルギー消費量をよく知ることが，アスリートの良好なコンディションの維持に重要である。

　エネルギー消費量の算出にはさまざまな方法があるが，簡易的に知る方法として，基礎代謝量に**身体活動レベル**（Physical Activity Level: **PAL**）を掛けることにより推定することができる。身体活動レベルとは1日のエネルギー必要量を基礎代謝量で割った値である。表4-6でみると，活発な運動習慣をもつ者の身体活動レベルは1.90〜2.20と高い。しかしながらアスリートにおいては，表4-7（p.62）に示すとおり種目やシーズンにより身体活動レベルが異なる。

　さらにアスリートは一般成人と比べ身体組成が大きく異なる（筋肉量が多い）ため，基礎代謝量の算出には除脂肪体重（LBM）に 28.5 kcal/kg LBM/day を掛け合わせたものを使用することにより，より実際の値に近づくと考えられる。

身体活動レベル（PAL）

● 表4-6 ● 身体活動レベルの区分

	低い（Ⅰ）	ふつう（Ⅱ）	高い（Ⅲ）
身体活動レベル	1.50 （1.40〜1.60）	1.75 （1.60〜1.90）	2.00 （1.90〜2.20）
日常生活の内容	生活の大部分が座位で，静的な活動が中心の場合	座位中心の仕事だが，職場内での移動や立位での作業・接客等，あるいは通勤・買い物・家事・軽いスポーツ等のいずれかを含む場合	移動や立位の多い仕事への従事者，あるいは，スポーツ等余暇における活発な運動習慣を持っている場合
中程度の強度（3.0〜5.9メッツ）の身体活動の1日当たりの合計時間（時間/日）	1.65	2.06	2.53
仕事での1日当たりの合計歩行時間（時間/日）	0.25	0.54	1.00

出典：厚生労働省『日本人の食事摂取基準［2015年版］』p.4

●表 4-7● 種目別身体活動レベル

種目カテゴリー	期別	
	オフトレーニング期	通常練習期
持久系	1.75	2.50
瞬発系	1.75	2.00
球技系	1.75	2.00
その他	1.50	1.75

出典：小清水孝子・柳沢香絵・横田由香里「スポーツ選手の推定エネルギー必要量」『トレーニング科学』17，2005 年，pp. 245-250

例）50 kg 体脂肪率 15%　女子長距離選手のトレーニング期の場合

　　除脂肪体重＝75 kg×（1－0.15）＝42.5 kg

　　基礎代謝量＝42.5 kg×28.5 kcal/kg LBM/day ≒ 1,210 kcal/day

　　エネルギー消費量＝1,210×2.50＝3,025 kcal/day

　表 4-8 に，トレーニング期におけるスポーツ種目とおおよそのエネルギー消費量について示した。ただし，これはトレーニング期における値であり，試合期になると激しいトレーニングから調整を行うため，消費量は減少する。また，消費エネルギーは形態や体組成により差が出るだけでなく，身体活動量は運動の強度と時間とに影響されるため，同一種目であってもトレーニング内容により異なる。

　なおジュニアアスリートにおいては，身体活動に必要なエネルギーに加え，成長分のエネルギーを考慮に入れる必要がある（表 4-9）。ジュニアアスリートは成人と比較すると動きや技術が劣るため，動きの効率が悪く，同じ運動を行う場合はより多くのエネルギーが必要になる。発育期においてエネルギーバランスが負に傾くと，発育や障がい発生率など

●表 4-8● トレーニング期のエネルギー消費量とスポーツ種目

消費エネルギー量 （kcal/日）	スポーツ種目
2,500〜3,000	体操，卓球，バドミントン，水泳飛込み，フェンシング，アーチェリー，スキージャンプ，ヨット，馬術，射撃
3,000〜3,500	陸上（短・中距離走，跳躍），野球，テニス，バレーボール，ボクシング（軽・中量級）
3,500〜4,000	サッカー，ホッケー，バスケットボール，陸上（長距離），剣道
4,000〜4,500	陸上（マラソン，投てき），水泳，ラグビー，アメリカンフットボール，自転車ロード，レスリング（軽量級），ボクシング（重量級）
4,500〜5,000	ボート，スキー，レスリング（中・重量級），柔道（重量級），相撲

注：女子選手の消費エネルギーはおおよそ 2,500〜3,500 kcal の範囲にある。
出典：長嶺晋吉編著『スポーツとエネルギー・栄養』大修館書店，1979 年，p. 115

● 表4-9 ● 成長にともなう組織増加分のエネルギー（エネルギー蓄積量）

性別	男性				女性			
			組織増加分				組織増加分	
年齢（歳）	A. 参照体重（kg）	B. 体重増加量（kg/年）	C. エネルギー密度（kcal/g）	D. エネルギー蓄積量（kcal/日）	A. 参照体重（kg）	B. 体重増加量（kg/年）	C. エネルギー密度（kcal/g）	D. エネルギー蓄積量（kcal/日）
1〜2	11.5	2.1	3.5	20	11.0	2.2	2.4	15
3〜5	16.5	2.1	1.5	10	16.1	2.2	2.0	10
6〜7	22.2	2.6	2.1	15	21.9	2.5	2.8	20
8〜9	28.0	3.4	2.5	25	27.4	3.6	3.2	30
10〜11	35.6	4.6	3.0	40	36.3	4.5	2.6	30
12〜14	49.0	4.5	1.5	20	47.5	3.0	3.0	25
15〜17	59.7	2.0	1.9	10	51.9	0.6	4.7	10

出典：厚生労働省『日本人の食事摂取基準［2015年版］』p.70

に影響することから，バランスのよい食事を不足することなく摂取することが望ましい。

【参考文献】
1）上田伸男・岸恭一・塚原丘美『運動と栄養　健康づくりのための実践指導』講談社，2013年
2）藤井久雄編著『スポーツの栄養学——トレーニング効果を高める食事』アイ・ケイ・コーポレーション，2011年
3）厚生労働省『日本人の食事摂取基準［2015年版］』第一出版，2014年
4）香川芳子『食品成分表2015 資料編』女子栄養大学出版部，2015年
5）小林修平・樋口満編著『アスリートのための栄養・食事ガイド』第一出版，2010年
6）田口素子・樋口満編著『体育・スポーツ指導者と学生のための　スポーツ栄養学』市村出版，2014年
7）Weir JB, New methods for calculating metabolic rate with special reference to protein metabolism, *J. Physiology*, 109, 1949, pp. 1-9
8）岡村治嗣編著『市民からアスリートまでのスポーツ栄養学』八千代出版，2011年

【推薦図書】
1）樋口満編著『コンディショニングのスポーツ栄養学［新版］』市村出版，2007年
2）坂元美子編『はじめて学ぶ健康・スポーツ科学シリーズ6　スポーツ・健康栄養学』化学同人，2013年
3）日本体育協会『公認アスレチックトレーナー専門科目テキスト9　スポーツと栄養』文光堂，2007年

まとめ

1. 食品のエネルギー単位は，カロリー（cal）とジュール（J）が併用されている。
2. エネルギー代謝とは，摂取した栄養素が体内で生命活動のために使用される過程でのエネルギー変換現象のことである。
3. 食品中に含まれる栄養素のうち，エネルギー源となるのは糖質・脂質・タンパク質であり，それぞれ生体内で1gあたり4kcal，9kcal，4kcalのエネルギーを発生する。
4. 身体活動に必要なエネルギーは，アデノシン三リン酸（ATP）がアデノシン二リン酸とリン酸とに分解するときに生じるものであり，ATPの再合成には，ATP-PCr系，乳酸系，有酸素系の3ルートがある。
5. 1日の総エネルギー消費量は，基礎代謝量，食事誘発性体熱産生，および活動代謝量の総和で表される。
6. 基礎代謝量とは，ヒトが生命維持に必要な最低限の代謝量のことである。
7. 食後，糖質，脂質，タンパク質といった三大栄養素が体内で消化・吸収されるために必要なエネルギー消費量のことを食事誘発性体熱産生という。
8. 運動や生活活動により亢進するエネルギー代謝量を活動代謝量という。活動代謝量を表すには，動作強度（Af）やMETs（メッツ）があり，身体活動強度として用いられている。
9. エネルギー消費量の測定には，直接熱量測定法や，間接熱量測定法（①心拍数法，②二重標識水法［DLW法］，③生活時間調査法）などがある。
10. 厚生労働省は，2013年に「健康づくりのための身体活動基準2013」を策定した。そのなかで「健康づくりのための身体活動指針（アクティブガイド）」を利用し，健康増進のため「＋10（プラステン）：今より10分多くからだを動かそう」をメインメッセージとして広く普及を行っている。

第5章
日本人の食事摂取基準

1 食事摂取基準とは

　日本人の**食事摂取基準**は，健康な個人並びに集団を対象として，国民の健康の保持・増進，生活習慣病の予防のために参照するエネルギーおよび栄養素の摂取量の基準を示すものである。日本人の食事摂取基準は，1970（昭和45）年より「**日本人の栄養所要量**」として公表され，5年ごとに見直しがなされてきた。2000（平成12）年に策定された第6次改定日本人の栄養所要量は，在来の栄養所要量に加えて，初めて健康増進，慢性非感染症の危険要因を軽減・除去するための指標として集団のみを対象とするのではなく，個人も対象にして，生活習慣病の一次予防に取り組むために活用できるものとして策定された。さらに個人を対象とした生活習慣病の予防，およびサプリメントの普及といった社会的背景を考慮し，過剰摂取による健康障害の予防も視野に入れた内容となった。2005（平成17）年改定の日本人の食事摂取基準は，国内外の約15,000の文献を系統レビューし策定された。『日本人の食事摂取基準［2015年版］』[1)]では，高齢化の進展や糖尿病などの有病者の増加をふまえ，健康の保持・増進とともに，生活習慣病の発症予防と重症予防も視野に入れ策定が行われた。

食事摂取基準

日本人の栄養所要量

2 日本人の食事摂取基準［2015年版］

（1）策定方針

　策定の対象は，健康な個人ならびに健康な人を中心として構成されている集団とし，高血圧，脂質異常，高血糖，腎機能低下に関するリスク

を有していても自立した日常生活を営んでいる者を含む。

● 表 5-1 ● 健康増進法に基づき定める食事摂取基準

1	国民がその健康の保持増進を図るうえで摂取することが望ましい**熱量**に関する事項
2	国民がその健康の保持増進を図るうえで摂取することが望ましい次に掲げる**栄養素の量**に関する事項

(イ) 国民の栄養摂取の状況からみて**その欠乏が国民の健康の保持増進に影響を与えているもの**として厚生労働省令で定める栄養素
- タンパク質
- n-6 系脂肪酸,n-3 系脂肪酸
- 炭水化物,食物繊維
- ビタミン A,ビタミン D,ビタミン E,ビタミン K,ビタミン B_1,ビタミン B_2,ナイアシン,ビタミン B_6,ビタミン B_{12},葉酸,パントテン酸,ビオチン,ビタミン C
- カリウム,カルシウム,マグネシウム,リン,鉄,亜鉛,銅,マンガン,ヨウ素,セレン,クロム,モリブデン

(ロ) 国民の栄養摂取の状況からみて**その過剰な摂取が国民の健康の保持増進に影響を与えているもの**として厚生労働省令で定める栄養素
- 脂質,飽和脂肪酸,コレステロール
- 糖類(単糖類または 2 種類であって,糖アルコールでないものに限る)
- ナトリウム

(出典:厚生労働省『日本人の食事摂取基準[2015 年版]』p.2)

(2) 指標の目的と種類

エネルギーの指標は,エネルギー摂取の過不足の回避を目的とする指標を設定する。

栄養素の指標は,摂取不足の回避を目的とする「推定平均必要量」,「推奨量」,「目安量」,過剰摂取による健康障害の回避を目的とする「耐容上限量」,生活習慣病の予防を目的とする「目標量」から構成される。

● **推定平均必要量** (estimated average requirement: **EAR**)

特定の集団を対象として測定された必要量から,性・年齢階級別に日本人の必要量の平均値を推定した。当該性・年齢階級に属する人々の 50%が必要量を満たすと推定される 1 日の摂取量である。

推定平均必要量(EAR)

- **推奨量**（recommended dietary allowance: **RDA**）

  ある性・年齢階級に属する人々のほとんど（97～98％）が1日の必要量を満たすと推定される1日の摂取量である。推定平均必要量が与えられる栄養素に対して設定され，推定平均必要量を用いて算出される。

  $$推奨量＝推定平均必要量 \times (1＋2 \times 変動係数)＝推定平均必要量 \times 推奨量算定係数$$

- **目安量**（adequate intake: **AI**）

  特定の集団における，ある一定の栄養状態を維持するのに十分な量。十分な科学的根拠が得られず「推定平均必要量」が算定できない場合に算定する。

- **耐容上限量**（tolerable upper intake level: **UL**）

  健康障害をもたらすリスクがないとみなされる習慣的な摂取量の上限を与える量である。

- **目標量**（tentative dietary goal for preventing life-style related diseases: **DG**）

  生活習慣病の予防のために現在の日本人が当面の目標とすべき摂取量（または，その範囲）である。

  （出典：厚生労働省『日本人の食事摂取基準［2015年版］』）

食事摂取量基準の各指標は図5-1のように模式化される。

食事摂取基準は，習慣的な摂取量の基準を与えるものであり，「1日あたり」を単位として表現したものである。短期間の食事の基準を示すものではない。健康な個人または集団を対象として，健康の保持・増進，生活習慣病の予防のための食事改善に，食事摂取基準を活用する場合は，PDCAサイクルに基づく活用を基本とする（図5-2, p.68）。食事摂取状況のアセスメント（評価）には，食事調査によって得られる摂取量と食

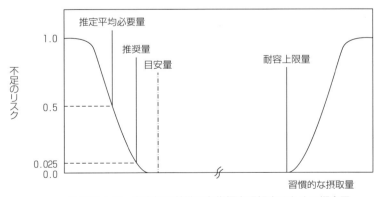

● 図5-1 ● 食事摂取基準の各指標を理解するための概念図

出典：厚生労働省『日本人の食事摂取基準［2015年版］』p.7

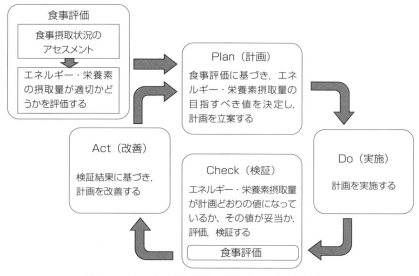

● 図 5-2 ● 食事摂取基準の活用と PDCA サイクル
出典：厚生労働省『日本人の食事摂取基準［2015年版］』p. 21

事摂取基準の各指標で示されている値を比較することによって行うことができるが，対象者の臨床症状・臨床検査値も含め，総合的に評価する。また，エネルギー摂取の過不足は BMI または体重の変化量を用いる。

BMI
（第6章, pp. 82〜83）

　積極的にスポーツを行う個人を対象とする場合には，個人の食事改善を目的とした食事摂取状況のアセスメント結果に基づき，食事摂取基準を活用することができる。その概要を図 5-3 に示す。

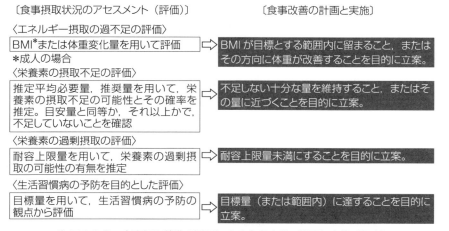

● 図 5-3 ● 食事摂取基準の活用による食事改善の計画と実施（個人）
出典：厚生労働省『日本人の食事摂取基準［2015年版］』p. 34

(3) 推定エネルギー必要量

　体重が不変で体組成に変化がなければ，エネルギー摂取量はエネルギー消費量に等しく，総エネルギー消費量は**二重標識水法**で評価が可能である。一方，種々の食事アセスメントによるエネルギー摂取量は誤差をともなう。したがって，**推定エネルギー必要量**は，総エネルギー必要量の推定値から求める。

> 推定エネルギー必要量＝基礎代謝基準値（kcal/kg体重/日）×参照体重（kg）
> 　　　　　　　　　　×身体活動レベル

二重標識水法
(第4章，p.57参照)

推定エネルギー必要量

　小児，乳児，妊婦，授乳婦では，これに成長や妊娠継続，授乳に必要なエネルギー量を付加量として加える。

　基礎代謝基準値は，わが国で測定された成人の基礎代謝測定値，および6〜17歳の多数例の検討をふまえ，作成されている（巻末・表1-1，p.158）。基礎代謝基準値は，参照体重において推定値と実測値が一致するように決定されている。そのため，基準から大きく外れた体位で推定誤差が大きくなることを知っておく必要がある。

基礎代謝基準値

　身体活動レベル（PAL）は，「推定エネルギー必要量÷基礎代謝量」と定義されている。2015年4月から2020年3月まで使用される日本人の食事摂取基準において，身体活動レベルの活動内容は（Ⅰ）低い（Ⅱ）ふつう（Ⅲ）高い，の3種類の身体活動レベルが設定されている。しかし，小児の身体活動レベルは年齢とともに増加するため，小児の身体活動レベルは別に代表値が決定された。年齢階級別にみた身体活動レベルを巻末・表1-2（p.158）に示す。このようにして求められた，年齢階級別，性別，身体活動レベル別における推定エネルギー必要量を巻末・表1-3（p.159）に示す。

身体活動レベル（PAL）
(第4章，p.61参照)

(4) 脂質の食事摂取基準

　栄養学的に重要な脂質は，脂肪酸，中性脂肪，リン脂質，糖脂質およびステロール類である。脂肪酸には炭素間の二重結合がない**飽和脂肪酸**，1個存在する**一価不飽和脂肪酸**，2個以上存在する**多価不飽和脂肪酸**がある（図5-4）。脂質の食事摂取基準は，脂質，飽和脂肪酸，多価不飽和

飽和脂肪酸
一価不飽和脂肪酸
多価不飽和脂肪酸

脂肪酸である **n-6 系脂肪酸**（リノール酸など），**n-3 系脂肪酸**（α-リノレン酸など）について基準が設定されている。

n-6 系脂肪酸
n-3 系脂肪酸

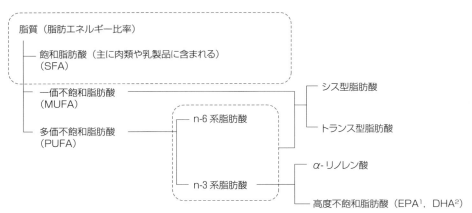

注：点線で囲んだ 4 項目について基準を策定した
1：イコサペンタエン酸　　2：ドコサヘキサエン酸　　※いずれも魚介類に多く含まれる

● 図 5-4 ●　脂質とその構成
出典：厚生労働省『日本人の食事摂取基準［2015 年版］』p.111 を筆者一部改変

　脂質の食事摂取基準は，炭水化物やタンパク質の摂取量を考慮に入れて設定する必要があるため，1 歳以上については，目標量として総エネルギー摂取量に占める割合，すなわち**エネルギー比率**（％エネルギー：**％E**）で示されている。一方，必須脂肪酸である n-6 系脂肪酸，n-3 系脂肪酸の目安量は，総エネルギー摂取量の影響を受けない絶対量（g/日）で示されている。

エネルギー比率（％ E）

①　脂肪エネルギー比率

　脂肪のエネルギー比率は，低脂質/高炭水化物食は食後血糖値，空腹時中性脂肪値を増加させること，アメリカ・カナダの食事摂取基準において血中の脂質濃度を適正にするためには，脂肪エネルギー比率 20％以上がよいとしていること，脂肪酸の目標量の設定などから，脂肪エネルギー比率 20％を目標量の範囲の下限値とした。一方，上限値は肥満，糖尿病予防や死亡率を考慮し脂肪エネルギー比率 30％とした（巻末・表 3-1，p.159）。

②　脂肪酸の目安量・目標量

　脂肪酸には，飽和脂肪酸，一価不飽和脂肪酸（主に植物油に多く含まれる），多価不飽和脂肪酸（植物油や魚介類に多く含まれる）がある。飽和脂肪酸は，小児期について研究が不十分であり，成人期のみに目標量が設

定された。成人における目標量は脂肪エネルギー比率にして7％以下である。多価不飽和脂肪酸のうち，n-6系脂肪酸は，生体内で合成できないので食事から摂取する。このためすべての年代で目安量が定められた。n-6系脂肪酸の過剰摂取のリスクはいくつか想定されるが，日本人を対象とした研究がなく，小児・成人の目安量には日本人の国民健康・栄養調査の結果から算出されたn-6系脂肪酸摂取量の中央値が目安量として用いられた。n-6系脂肪酸の摂取目安量を巻末・表3-2（p.160）に示す。n-3系脂肪酸もn-6系脂肪酸と同様に生体内では合成できないほかに発育不全や集中力低下といった，欠乏症が存在するので，すべての年代で目安量が設定された。多くの研究ではn-3系脂肪酸のうちα-リノレン酸と魚油が投与されているが，どの脂肪酸によるものか明らかではないため，目安量はn-3系脂肪酸で示されている。n-3系脂肪酸の摂取目安量を巻末・表3-3（p.160）に示す。

（5） タンパク質の食事摂取基準

成人の**タンパク質推奨量**は，以下の式で求められる。 　　　　　タンパク質推奨量

$$\text{基準体重} \times \underbrace{0.65}_{①} \times \underbrace{(100/90)}_{②} \times \underbrace{1.25}_{③} \text{(g)}$$

① 良質タンパク質の推定平均必要量……鶏卵，卵白，牛肉，牛乳，魚肉等の良質タンパク質を用いて行われたわが国ならびに外国の窒素出納の結果から求められた。
② 日常摂取している混合タンパク質の質は良質タンパク質と差はないが，消化率は90％とみつもられた。
③ 必要量の変動係数は0.125と推定され，その2倍量が加算された。

推定平均必要量は，「①×②＝0.72 g/kg 体重」　　　　　　　推定平均必要量

タンパク質の推定必要量は，**窒素出納維持量**をもとに上記を加味して　　窒素出納維持量
算定されている。**窒素出納法**ではタンパク質必要量が低くみつもられる　　窒素出納法
技術的問題を含むこと，エネルギー摂取量がタンパク質代謝に影響を及ぼすことは古くから知られているが，エネルギー出納が正の条件で行わ

れた実験を含む結果であることなどから，タンパク質は推奨量以上の量を確保すること，エネルギーは不足しないように確保することへの配慮が必要である（巻末・表2-1，p.159）。

(6) ビタミン・ミネラルの食事摂取基準

　従来のビタミンの食事摂取基準は，最小必要量または最小必要量に安全率を加算して求めており，欠乏症の予防には十分であった。一方，栄養学の進歩により，ビタミンは従来の栄養素としての役割以外に**抗酸化作用**や**細胞間伝達作用**といった役割ももつことが明らかになった。そのため，現在では，健康を保持・増進させ，疾病の予防に寄与する機能性成分としてのビタミン・ミネラルとして注目されている。**推定平均必要量**を求めるための十分なデータのないビタミンD，E，K，ビオチン，パントテン酸については，特定の集団においてある一定の栄養状態を維持するのに十分な量を目安量とした。ビタミンB_1，ビタミンB_2，ナイアシン，ビタミンB_6，ビタミンB_{12}，葉酸，ビタミンC，ビタミンAについては推定平均必要量から推奨量を算定した（巻末・表5-1〜表5-13，pp.161〜163）。脂溶性ビタミンであるビタミンA，D，Eについて，過剰摂取による健康障害発生の報告を参考に耐容上限量が策定された。水溶性ビタミンにおいて，耐容上限量は**ビタミン強化食品**あるいは**サプリメント**として摂取するときにのみ適用される値である。

　ミネラルは摂取量が多くても少なくても，健康の保持・増進に好ましくないことから，過剰と不足，無機質相互の比率それぞれについて考える必要がある。カルシウムや鉄のように人体に必要なミネラルであっても過剰摂取により好ましくないことが起こることがあるため，**耐容上限量**が設定された。成人にも小児にも耐容上限量が定められているのは，セレン，ヨウ素，鉄，カリウム，ナトリウムである。ナトリウムについては生活習慣病との関連および日本人の食塩摂取量が減少傾向にあることから目標量が示された。

　ミネラルの推奨量，目安量，目標量，耐容上限量は，巻末・表6-1〜表6-13（pp.164〜167）に示す。

抗酸化作用

細胞間伝達作用

推定平均必要量

ビタミン強化食品
サプリメント

耐容上限量

3 運動時の食事摂取基準

(1) エネルギー

　運動は,エネルギー代謝をはじめとする栄養素の代謝に大きく影響する。このためエネルギー必要量は,日常どれだけ運動を行うかによって,**身体活動レベル（PAL）**の区分（第4章,表4-6,p.61）により変わってくる。

　成人としては,Ⅱ（ふつう）まであげることが望ましいとされている。6～17歳の小中高生も成人と同様に身体活動レベルは3区分であるが,活動レベルの代表値は成人と異なる。身体活動が活発である子にはエネルギーの不足を招かぬよう,あまり活発でない子には,肥満にならないように考えられている。Ⅲ（高い）の区分に入るようなトレーニングを長時間行うことは,体ができあがっていない成長期の子に対して,筋力トレーニングも含む激しい運動を強いることになり,健全な発育,発達を阻害する危険性を含むため,Ⅲ（高い）の区分の中でも身体活動レベル（PAL）が2.0を超えるようなエネルギー量を必要とする運動は適さない。放課後のクラブ活動で汗を流す程度のスポーツでは,身体活動レベルⅢ（PAL 1.85）のエネルギー消費量を念頭に置いて食事を摂取するのが妥当であると考えられる。

　一方,高校生になると体もほぼ成長し,競技レベルによってはクラブ活動であってもハードな練習が行われる。通常の放課後の練習に加え,1時間程度の筋力トレーニングを含む激しい練習を行う場合には,身体活動レベルⅢ（PAL 1.95）を基準としたエネルギー量を用いて食事を組み立てるのが妥当である。しかし,アスリートでは,競技やポジションによって個々に除脂肪体重や練習頻度,強度が異なるため,体重や体脂肪率の変動をアセスメントし摂取エネルギー量を調整する[2]。

(2) 脂　質

　脂肪エネルギー比率は,20～30％とされているが,飽和脂肪酸の上限

値であるエネルギー比率7％を考慮すると25％に近づけることが望ましいと考えられる。運動量が多く，摂取エネルギーの増量が許容される場合には，多くのエネルギーを必要とし，また肥満や動脈硬化といった危険性がより低いと考えられるので，20〜30％の幅をもたせてもよい。しかし，LDL-コレステロールが高い場合には，動脈硬化が進行する可能性があるので，飽和脂肪酸摂取量の制限を含めた対策が望まれる。

（3）タンパク質

　一般に，運動時には，アミノ酸の異化の亢進がみられ，体タンパク質の合成の低下と分解の上昇が認められる。しかし，運動終了時以降に体タンパク質の合成が分解を上回るようになり，損失を取り戻すことが多い。運動強度に応じてタンパク質必要量は変わってくることから，強度に応じて分けて考えるのが妥当である。また，競技特性によってもタンパク質の摂取基準量は異なる。

　健康づくりのための軽度ないし中等度の運動，放課後のクラブ活動で汗を流す程度のスポーツではタンパク質摂取量を増加させる必要はない。しかし，筋肉肥大をともなうようなトレーニングの初期や筋力トレーニング時，中等度以上の持久性運動時にはタンパク質摂取量を増加させることが望ましい。成長期にある小中学生ではタンパク質の蓄積が成長に必要なため体重1kgあたり2g程度が基準であり，これは必要なエネルギーに対する15％程度にあたる。筋力トレーニングなどの激しい運動は適さないこともあり，特に摂取量を増加させる必要はないが，活動量に対するバランスが崩れない程度に，やや多めにとる。成長期が終わった高校生から成人では，通常トレーニング期において，体重1kgあたりのタンパク質推奨量は，瞬発系・筋力系競技では1.7〜1.8g，持久系競技では1.2〜1.4gとされている。また，総エネルギー量に対する望ましいタンパク質エネルギー比は15〜20％とされている。タンパク質の1gは4kcalのエネルギーに相当する。

　これらを考え合わせると，激しい運動を行う際には，エネルギー必要量も増大するため，タンパク質エネルギー比率が15％を下回ることがあり，タンパク質摂取量を増大させることを考慮する必要がある。逆にエネルギー必要量が少ない場合や減量のために少なくする場合には，タ

ンパク質エネルギー比が18％を超えると炭水化物が不足することがあるため，体重1kgあたりのタンパク質量を減らすことを考慮する必要がある。

（4） ビタミン・ミネラル

運動によるエネルギー代謝の増大やアミノ酸の異化代謝の亢進，発汗によるナトリウムやカリウムなどの損失など，運動時にはビタミン，ミネラルも多く必要とされる。エネルギー消費量あたりで策定されたビタミン B_1，B_2，ナイアシンや推定平均タンパク質消費量あたりで作成されたビタミン B_6 はエネルギー消費量やタンパク質消費量依存的に必要量が増す。しかしながら，特定のビタミン・ミネラルの過剰摂取は好ましくない結果を起こすこともあり，運動時に増量すべき明確な量は示されていない。

一般に活動量が多くなると，エネルギー所要量が多くなるので，さまざまな食品を取り入れながらバランスのよい食事をとるなかで，エネルギー摂取量を増加させる場合には，ビタミン・ミネラルの摂取量も増大し，必要量を摂取できると考えられる。特別な食品の利用やサプリメントの使用は基本的には必要がない。しかし，その競技特性やトレーニングの時期により特定の栄養素が必要な場合には，食事のみでは補えないこともある。この場合には，基本的な食事にサプリメントを補い利用することも考慮する。

4 食事管理の実際──食事バランスガイドの活用

日本人の食事摂取基準に基づき必要な栄養を摂取するには，いわゆる栄養バランスのよい食事をすればよいことになる。栄養バランスのよい食事とはどのようなものかを示すには**食品構成表**があるが，食材として紹介されるため料理に変換する技術が必要となる。そこで1日に「何を」「どれだけ」食べたらいいのかを，コマの形と料理のイラストで表現した「食事バランスガイド」を紹介する（図5-5，p.76）。

食品構成表

① 「食事バランスガイド」の使い方

　「**食事バランスガイド**」[4]のコマには，5つの料理グループが描かれている。コマの上から「主食」「副菜」「主菜」「牛乳・乳製品」「果物」となっており，上にある料理グループのものほど，しっかり食べる必要があるものが表現されている。5つの料理グループの中のなにかが欠けたり，また1つのグループだけを極端に多くとりすぎると，コマはバランスを失うこととなるため，偏りなく各グループを摂取する。「食事バランスガイド」では，コマに描かれている料理のイラストを目安に，料理を「1つ」「2つ」……と「つ（SV＝サービング）」という単位で数える。これは，「食事バランスガイド」独自の数え方で，5つの料理グループごとに「1つ」の目安となる量が決められていて，さらに1日にとる目安の量が示されている。基準となる「つ」の量を理解することで，あらゆる料理を「つ」に換算することができる。

② 1つ（1 SV）の基準となる主な料理と目安量

　(a) 主食（ご飯，パン，麺類）：1つ（1 SV）の基準＝穀類に由来する炭水化物 40 g。

　(b) 副菜（野菜，いも，きのこ，海藻料理）：1つ（1 SV）の基準＝主材料の重量約 70 g

　(c) 主菜（肉，魚，卵，大豆料理）：1つ（1 SV）の基準＝主材料に由

食事バランスガイド

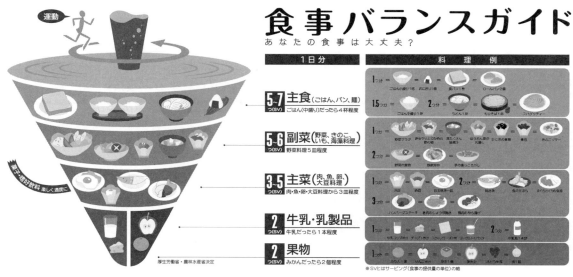

● 図 5-5 ●　食事バランスガイド

出典：厚生労働省・農林水産省

来するタンパク質約6g
(d) 牛乳・乳製品：1つ（1SV）の基準＝牛乳・乳製品に由来するカルシウム約100 mg
(e) 果物：1つ（1SV）の基準＝果物の重量約100 g
(f) 菓子・嗜好飲料：必ずしもとらなくても支障はなく、「食事バランスガイド」のなかではコマ本体の中ではなく、コマを回すヒモとして表されている。このヒモ部分は、「エネルギー」として考えるので「SV（つ）」ではなく「kcal」で考え、「適度に」と表現されているが、おおむね200 kcal 未満を目安とする。
③ 運動時のおける食事バランスガイドの使用方法

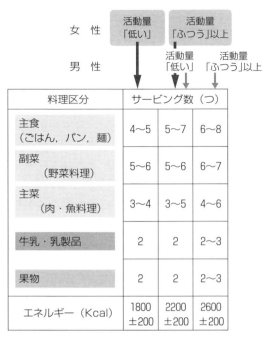

● 図5-6 ● 料理区分配分の目安
出典：厚生労働省「食事バランスガイドチェックブック簡単版」より一部抜粋

成長期にクラブ活動等によりスポーツを行っている場合には、身体活動レベルが高く、多くのエネルギーを必要とする。放課後のクラブ活動や女性の通常のトレーニング期、男性の減量期で必要栄養量が2,200 kcal±200 kcal の場合は、主食の量と主菜の内容（食材や調理法）を加減しバランスが取れるように工夫する。主菜の選び方は、食品構成表を参考にするとよい。

さらに、成長期で身体活動レベルが特に高い場合で必要栄養量が2,600 kcal±200 kcal の場合は、身体活動量普通以上の男性のサービング数を参考に、主食、副菜、主菜、牛乳・乳製品、果物それぞれを必要に応じてSV数を増加させることで適宜対応する。男性の通常のトレーニング期（必要栄養量3,500 kcal 程度）や男性の強化合宿や体の大きな選手向け（必要栄養量4,500 kcal 程度）の場合には、身体活動量普通上の男性のサービング数に、主食・副菜・主菜について、SV数を増加させることで対応する。この場合も主食の量と主菜の内容（食材や調理法）を加減しバランスが取れるように工夫することが必要である。

> **コラム**
>
> ### 野菜ジュースは野菜類？
>
> 　食事バランスガイドを考える場合，市販の野菜混合ジュースは野菜と考えてよいのだろうか？
> 　トマトジュースやニンジンジュースのように野菜100％のジュースもあるが，農林水産省では，野菜ジュースの場合，重量の半分をSVとしてカウントするようコメントしている。200 mlの野菜ジュースなら100 gの野菜としてSVを計算する。果物100％のジュースも同様である。半分になるから倍量飲むというのではなく，野菜類はキャベツやほうれん草といった「野菜」を摂取すべきである。切り干し大根のような野菜の乾物も含めれば，野菜類は年間を通じて200種類以上流通している。市販の野菜ジュースはほとんど噛まないのであごの筋肉を刺激することができないし，摂取できない栄養素等もある。野菜ジュースはあくまで野菜類を摂取するための補助的なものとして考えよう。
>
>

【参考文献】
1）菱田明・佐々木敏監修『日本人の食事摂取基準［2015年版］』第一出版，2014年
2）小清水孝子・柳沢香絵・横田由香里「スポーツ選手の栄養調査・サポート基準値策定及び評価に関するプロジェクト報告」『榮養學雑誌』64（3），2006年，pp. 205-208
3）日本体育協会『公認スポーツ指導者養成講習会テキスト共通科目I』pp. 103-104
4）厚生労働省「食事バランスガイド」（www.mhlw.go.jp/bunya/kenkou/eiyou-syokuji.html）

【推薦図書】
1）菱田明・佐々木敏監修『日本人の食事摂取基準［2015年版］』第一出版，2014年
2）小林修平・樋口満編著『アスリートのための栄養・食事ガイド［第2版］』第一出版
3）日本体育協会『公認スポーツ指導者養成講習会テキスト　共通科目I』

まとめ

1 食事摂取基準とは，健康な個人または集団を対象として，国民の健康の維持・増進，エネルギー・栄養素欠乏症の予防，生活習慣病の一次予防，過剰摂取による健康障害の予防を目的とし，エネルギーおよび各栄養素の摂取量の基準を示すものである。

2 推定エネルギー必要量は，性別，年齢区分，身体活動レベルによって異なる。健康の保持・増進のためには，身体活動レベルⅡ（ふつう）まであげることが望ましい。

3 脂肪の食事摂取基準はエネルギー摂取量に対する比率で表され，20〜30％が目標量である。

4 タンパク質の食事摂取基準は，各年齢の標準体重に，タンパク質の推定平均必要量，消化率および変動係数を乗じて求められる。

5 ビタミン・ミネラルは，栄養状態の維持に十分な推奨量と，過剰摂取により健康上悪影響を及ぼす危険のない量として耐容上限量が設定されている。

6 運動時におけるエネルギー摂取量は，身体活動レベルに準じてアップさせる。

7 脂質，タンパク質は，身体活動レベルに準じてアップさせたエネルギー量に対する割合で決めることにより，漸増した量を用いる。

8 エネルギー摂取量を増加させるために，バランスのよい食事を多く摂取することで，ビタミンやミネラルの推奨量も充足できる。

9 バランスのよい食事の目安として「食事バランスガイド」が使用されている。スポーツを行うことにより必要栄養量が増加する場合には，5つの料理グループそれぞれのSV数を増加させることで適宜対応する。

第6章
肥満と身体組成

肥満の定義とメカニズム・評価・BMI

　日本肥満学会は，脂肪組織が過剰に蓄積した状態で，BMI 25 以上のものを「**肥満**」と定義している。また，肥満に起因ないしは関連して発症する健康障害の予防および治療に医学的に減量が必要である病態を「**肥満症**」と定義している[1]。

　肥満は，基本的に消費エネルギーより摂取エネルギーが多くなった場合に余分なエネルギーが体脂肪として貯蔵されることにより起こる[2]（図6-1）。また，肥満には**皮下脂肪型肥満**と**内臓脂肪型肥満**があり，後者のほうが生活習慣病を引き起こしやすい。これは，内臓周辺の脂肪細胞から種々の生理活性物質が分泌されており（図6-2，p.81），それが生活習慣病の要因になることが明らかになったためである。肥満細胞には白色脂肪細胞と褐色脂肪細胞があるが，内臓脂肪型肥満では，内臓の周りにある白色脂肪細胞が肥大化し，余剰のエネルギーを脂肪滴として貯めこんで肥大した結果，「肥満」になる。運動などで余剰のエネルギーを減らすことにより肥満が解消できる。**ウエスト周囲長（臍位）**で男性 85 cm，女性 90 cm 以上あれば，内臓脂肪面積として男女とも 100 cm²

> 肥満
>
> 肥満症
>
> 皮下脂肪型肥満
> 内臓脂肪型肥満
>
> ウエスト周囲長（臍位）
> 　「ウエスト周囲径」と同意であるが日本肥満学会「肥満症診断基準2011」にてウエスト周囲長に改訂された。

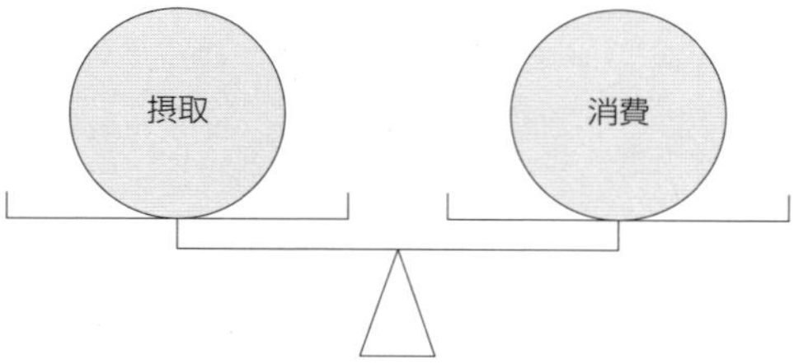

エネルギー摂取量とエネルギー消費量が等しいとき，体重の変化はなく，健康的な体格（BMI）が保たれる。エネルギー摂取量がエネルギー消費量を上回ると体重は増加し，肥満につながる。エネルギー消費量がエネルギー摂取量を上回ると体重は減少し，やせにつながる。

● 図6-1 ● エネルギー収支バランスの基本概念

出典：菱田明・佐々木敏監修『日本人の食事摂取基準［2015年版］』第一出版，2014年，p.46

● 図6-2 ● 分泌細胞としての脂肪細胞

以上に相当すると考えられ，メタボリックシンドロームの判断基準の1つを満たしたことになる（巻末・表7-1, p.167）。なお，小児（6歳～15歳）におけるメタボリックシンドローム診断基準としてのウエスト周囲長は80 cm以上（小学生では75 cm以上）であり，ウエスト周囲長／身長が0.5以上ある者に対して適用することになっている（巻末・表7-2, p.167）[3]。

肥満（単純性肥満）の主な原因は**過食**（食べすぎ）と運動不足であるが，社会の都市化によるエレベータなどの設置や自動車の普及といった環境的要因や，食行動のクセやズレなどの行動的要因が複雑に関与していると考えられる（図6-3）。さらに，遺伝に関連するインスリン感受性の低下や糖・脂質代謝異常，熱産生障害等の代謝要因も深くかかわっている。

過食の原因は図6-4（p.82）に示した食欲調節のしくみから，空腹感と満腹感の発現バランスが外部ストレスなどによって乱れるためであると考えられている。朝食を欠食し，夜遅くに夕食を大量に食べたり（ま

過食

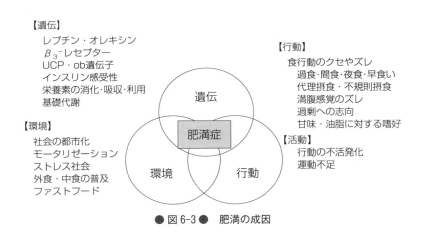

● 図6-3 ● 肥満の成因

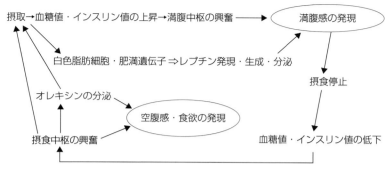

● 図6-4 ● 大脳視床下部による食欲調節のしくみ
出典：日本肥満学会編集委員会編『肥満・肥満症の指導マニュアル［第2版］』医歯薬出版，2001年，p.36を一部改変

とめ食い），食欲もないのにストレスを発散させるために菓子類や甘い飲料を摂取したりしていると過食になりかねない。また，油脂を多く含むものや柔らかいものは，やみつきになったり早食いにつながったりすることが多いので，**ファストフード**は肥満につながりやすい食事の1つであるといえる。さらに，一人で食べる孤食やテレビを見ながら，ゲームをしながらの食事（ながら食い）も食事に集中していないので，摂食量が多くなりがちで過食につながる食べ方である[4]。

「平成25年国民健康・栄養調査結果の概要」から[5]，エネルギー摂取量は過去10年間減少傾向にあるが，肥満者の割合は40歳から59歳男性では30％を超えていることがあきらかになった。これは身体活動レベルの低下による消費エネルギーの減少が，過食の要因となっていることを示唆している。運動は基礎代謝と活動代謝を上昇させ，消費エネルギーを高いレベルに保つために重要であり，適度な運動を生活に取り入れる工夫が望まれる。

肥満の判定基準は，**日本肥満学会**がWHO（世界保健機関）の基準を考慮しつつ，日本人の現状に即して定めたもの（表6-1）である。WHOの基準では，BMI 30以上を肥満としているが，日本人の場合は欧米人と比較して軽度の肥満でも糖尿病などの生活習慣病を発症しやすい遺伝的要因を持っていることから，BMI 25 kg/m² 以上を肥満としている[1]。

この表に示す**BMI**（Body Mass Index：ボディーマス

ファストフード

肥満の判定基準
日本肥満学会
BMI

● 表6-1 ● 15歳以上の日本人における肥満の判定基準

BMI	判定	WHO基準
<18.5	低体重	Underweight
18.5≦～<25	普通体重	Normal range
25≦～<30	肥満（1度）	Preobese
30≦～<35	肥満（2度）	Obese class I
35≦～<40	肥満（3度）	Obese class II
40≦	肥満（4度）	Obese class III

（注）BMI：Body mass index
出典：大野誠ほか『肥満症の生活指導行動変容のための実践ガイド』医歯薬出版，2011年，p.2

インデックス）は以下の式で求められる。

$$\text{BMI} = 体重（kg）÷身長（m）÷身長（m）$$

　BMIは，ボディービルダーなど一部を除けば，一般の人の体脂肪量と相関することが証明されており[6]，国際的にもBMIが肥満の判定指標として用いられている。成人での標準体重はBMI 22付近の死亡率が低いことから，BMI 22が採用されている[7]が，近年の日本人の中高年齢層における疫学研究ではBMIが21から27までの者の死亡率が低かった[8]ことが明らかになっている。

　なお，5歳から17歳までの子どもの肥満は，標準BMIが年齢によって違うためにBMIを基準にして判定するのではなく，性別，年齢別，身長別標準体重から肥満度（過体重度）を算出し，肥満度が20％以上の者を肥満傾向児，－20％以下の者を痩身傾向児としている。肥満度の求め方は巻末・表8-1（p.168）に付した[9]。15歳以上の子どもに対してはBMIによる肥満度判定を用いる場合もある。一般的に，子どもに関しては肥満（過体重）も問題になっているが，それ以上に小食や偏食などに起因する痩せ（痩身）が問題視されている[10]（巻末・表8-2，p.168）。

❷ アスリートの身体組成

　私たちの身体は，図6-5（p.84）のような組成でなり立っている。これらの組成を生きた人間で調べるのはむずかしいので，**脂肪組織**と脂肪以外の組織（**除脂肪組織**）を分けて簡略化して考えることが多い。

脂肪組織
除脂肪組織

　体脂肪率（体脂肪率［％］＝体脂肪［kg］÷体重×100）を測定する機器は「体脂肪計」とよばれ，簡便なものでは，両手で握るタイプや立位のまま測定するタイプのものがある。これらは，①**インピーダンス法**とよばれる。家庭用体重計で体脂肪率が同時に計れる装置はこれが多い。その他に，②キャリパーや近赤外線，超音波などで皮膚表面から皮下脂肪の厚さを測定する方法，③人が水槽の中に潜ったときの体重を計り，体脂肪を測定する**水中体重秤量法**や，④密閉された装置の中に入り，ボイル

体脂肪率

インピーダンス法

水中体重秤量法

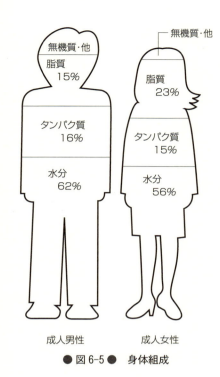

● 図6-5 ● 身体組成

● 表6-2 ● 体脂肪率と肥満度の関係

判定		軽度肥満	中等度肥満	重度肥満
男性（全年齢）		20％以上	25％以上	30％以上
女性	（6～14歳）	25％以上	30％以上	35％以上
	（15歳以上）	30％以上	35％以上	40％以上

出典：日本肥満学会編集委員会編『肥満・肥満症の指導マニュアル［第2版］』医歯薬出版，2001年，p.5

の法則を利用して体積を求める**空気置換法**等がある。空気置換法は水中体重法よりも被験者の負担が軽い。さらには，⑤2種類のエネルギーの異なるX線をあて，それぞれのX線について組織の吸収量が異なることから測定する方法（**DXA法**）などもある。しかし，いずれの方法も一長一短があり，正確な体脂肪率の測定はむずかしい。

空気置換法

DXA法

それぞれの測定法には特徴があるので，自分で手軽に利用できる方法を選択し，体脂肪率を定期的に同じ器具・装置，条件で測定していくと体脂肪量や筋肉量の変化を把握することができる。体脂肪率と肥満度の関係を表6-2に示す。

 食べるタイミングと肥満

　時間栄養学の研究が進んできている。これは，栄養学を時間生物学の観点から研究する学問である。

時間栄養学

　食事の基本は，1日3食（朝食・昼食・夕食）を規則正しく食べることである。血中副腎皮質ホルモンのリズム発現には明暗サイクルより摂食サイクルが重要であると考えられる。食事をすることは消化管をととのえるリズムを形成することにも有用であり，グリコーゲン代謝にも影響を及ぼす。図6-6（p.85）のように夕食を遅い時刻にとらせると摂食による筋グリコーゲンの蓄積はみられず，図6-7（p.85）のように肝臓グ

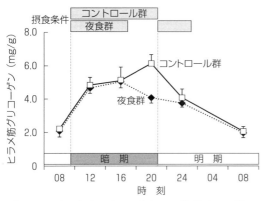
● 図6-6 ● 摂食パターンとヒラメ筋グリコーゲン

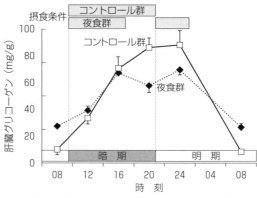
● 図6-7 ● 摂食パターンと肝臓グリコーゲン

出典：加藤秀夫・国信清香ほか「時間栄養学と栄養」『日本薬理学雑誌』137，2011年，pp.120-124

リコーゲンの総貯蔵量は減少した。これは遅い時間に摂取した食事の栄養素が脂肪蓄積につながる可能性を示している。

また朝食は，空腹を断つ（break fast）という意味で，身体に目覚めを伝達するシグナルとして重要である。特に成長期の子どもにとっての朝食の意味は大きく，朝食欠食によって食事時に消費するエネルギー（**食事誘導性熱産生**）や基礎代謝が低下し，エネルギー消費の効率が悪くなることもわかっている。朝食欠食が太りやすい体質を招く[11]。

食事誘導性熱産生
（第4章, p.52参照）

スポーツ選手にとっての食事摂取のタイミングを考える場合，トレーニング開始時間と長さに合わせた食事摂取と内容（特に糖質の摂取）を考える必要がある。またトレーニングで消耗した筋グリコーゲン量を回復させる食事が必要となる[12]。

運動後の摂取タイミングとしては，できるだけすみやかに糖質の摂取を促したい。またタンパク質や有機酸摂取の有効性も報告されている[13]。

 生活習慣病と肥満

生活習慣病とは，毎日の不健全な生活習慣の積み重ねによって内臓脂肪型肥満となり，これが原因となって引き起こされる病気（がん・循環器疾患・糖尿病など）である。これは個人が日常生活の中での適度な運動，バランスのとれた食生活，禁煙を実践することによって予防することができるものである。その食事のとり方に関するポイントを以下に述べる。

生活習慣病

（1）エネルギー

ウエイトコントロール（体重管理）を考える場合，標準体重に25〜30 kcalをかけたものが摂取エネルギー量の目安になる。年齢や体格などによって多少異なるが，約1,600 kcal程度がアスリートにとっての最低エネルギー摂取量になる。栄養素の摂取目標量例と1日に摂取すべき食品構成は，第7章に示した（pp. 97〜101）。エネルギーの増減が必要な人は，炭水化物（ごはんやパン・めん類など）で調整するとよい。1,600 kcalの参考献立を図6-8に示した。この図からもわかるようにバランスよく食品を摂取するためには，**日本型食生活**パターンである**主食・主菜**

>ウエイトコントロール
>体重管理

>日本型食生活
>主食
>主菜

●朝食
　ごはん
　味噌汁
　かまぼこ
　こまつなの柚香和え
　味付けのり

エネルギー　　385kcal
タンパク質　　16.2g
脂質　　　　　5.2g

ごはん　150g

●昼食
　鍋焼きうどん
　変わり冷奴

エネルギー　　445kcal
タンパク質　　24.8g
脂質　　　　　12.0g

ゆでうどん　200g

●間食
　バナナジュース

エネルギー　　127kcal

●夕食
　ごはん
　貝柱と野菜のスープ煮
　ミニステーキ
　ポテトサラダ

エネルギー　　649kcal
タンパク質　　27.0g
脂質　　　　　20.6g

ごはん　150g
牛ヒレ肉　70g

● 図6-8 ● 1,600 kcalの献立例

・**副菜**の組み合わせで考えるとよい。

副菜

（2） 食 べ 方

　減量（エネルギー調整）のポイントとして重要なのは，ファスティング（断食）や極端な小食などのように無理な減量はしないということである。一時的には体重減少がみられるが，そのうちにリバウンドし，いっそうやせにくい体質になることもある。次に，①単一の食品を使うダイエットはしない，②上手に食品を組み合わせる。食物繊維を組み合わせ，満腹感をもたせる，③スープなどを利用する，④野菜を多めにとる，⑤よくかんで食べる，⑥食事時間を決める，⑦深夜の飲食は控える，⑧夕食に食事のウエイトを大きくおかないなどに気をつける。

　また，炭水化物の摂取を増加させる場合，砂糖の多い食品ではなく，でんぷん質の多いものを主体にする。調理法では，揚げ物を控える，焼く・あぶる，ゆでる，蒸す，電子レンジ調理などの活用でエネルギー摂取量を抑えることができる。中食・外食よりも自分で調理するほうがエネルギー摂取量の調整はしやすい。

（3） 間食（補食）

　若いアスリートのなかには自炊が面倒などの理由で，スナック菓子，インスタントラーメン，炭酸飲料などで空腹を満たしている人もいる。しかし，これらは油脂と糖質が多く，他の栄養素が微量である場合が多いので，なるべく果物や乳製品で空腹を補いたいものである。間食を補食として考え，1日の栄養バランスがくずれないよう配慮する（第7章，pp. 101〜102参照）。また試合がないオフ期や引退後には，間食のウエイトを小さくして，3食の食事も身体活動量に合うよう少なくすることを忘れないようにしたい。

食行動のクセやズレ，行動変容

　肥満を改善する方法としては，**食事療法・運動療法・行動療法**があげられる。ここでは行動療法の一部を紹介する。

食事療法
運動療法
行動療法

肥満者には，①1日や1回の食事摂取量が多い，②夜食などのかため食いをする，③間食が多い，④ストレス解消のため・もったいないから・断れないからとつい手が出てしまうなどにみられる**代理摂食**と考えられる行動的なクセやズレが肥満の原因になっていることが多い。肥満している人の食行動を**食行動質問表**（表6-3, p.89）で調査すると，若い人たちの間では，脂っこいものが好きである，ファストフードをよく利用する，夜食をとる，食事のメニューは和食よりも洋食が多い，などの項目で得点が高く，中高年では，食料品を買うときには必要量より多く買わないと気がすまないなどの傾向が強かった。

> 代理摂食

> 食行動質問表

　このような質問表を利用し，自分の食行動のクセやズレを認識し，それを修正することにより食行動が適正化される。食べる量を減らせば，ある程度の体重は減少する。しかし，筋肉量まで減少したのでは，スポーツ選手としてはパフォーマンスを低下させることにつながる。食行動を適正化し，食事・運動もコントロールすることによりスポーツ選手としての能力も向上する。

　ウエイトコントロールにおいて，**体重日記**（図6-9, p.90），**食事記録**（表6-4, p.91）なども行動療法として使用されている。毎日記録をつけることにより体重の変化を視覚的にとらえたり，食事で不足するものを把握することができる。食事記録にはいろいろなパターンがあり，自分がつけやすく，継続できるものを選ぶ。体重日記では，グラフの形の美しさが体重を維持する視覚的な刺激を与えるともいわれている。前向きな努力こそウエイトコントロール成功への道である。

> 体重日記
> 食事記録

　食行動は，日々の生活の積み重ねによって形づくられる。そのために簡単に変化するものではない。**プロチェスカ**らは保健行動変容のプロセスをとらえ5つの段階に分類している。**行動変容段階モデル**の5つの段階とは，今後6ヵ月以内に行動を変えようと考えていない段階（前熟考期あるいは無関心期），今後6ヵ月以内に行動を変えようと考えているが，この1ヵ月以内に行動を変えるまでには至っていない段階（熟考期あるいは関心期），今後1ヵ月以内に行動を変えようと考えている段階（準備期），行動変容を実行して6ヵ月以内（実行期），行動変容を実行して6ヵ月以上（維持期）である[13]。

> プロチェスカ

> 行動変容段階モデル

　この段階ごとにサポートのポイントが異なってくる。前熟考期では対

● 表6-3 ● 食行動質問表

食行動アンケート

		男性用	女性用
体質や体重に関する認識			
2	肥るのは甘いものが好きだからだと思う。	○	○
6	食べてすぐ横になるのが肥る原因だと思う。	○	○
10	風邪をひいてもよく食べる。	○	○
22	水を飲んでも肥る方だ。	○	○
36	肥るのは運動不足のせいだ。	○	○
42	他人より太りやすい体質だと思う。	○	○
51	それほど食べていないのに痩せない。	○	
食動機			
12	料理があまるともったいないので食べてしまう。	○	○
13	食後でも好きなものなら入る。	○	○
17	夕食の品数が少ないと不満である。		○
24	他人が食べているとつられて食べてしまう。	○	○
28	外食や出前を取るときは多めに注文してしまう。	○	○
33	食料品を買うときには，必要量よりも多めに買っておかないと気が済まない。	○	○
34	果物やお菓子が目の前にあるとつい手が出てしまう。		○
38	料理を作る時には，多めに作らないと気が済まない。		○
44	スーパーなどでおいしそうなものがあると予定外でもつい買ってしまう。	○	○
45	食後すぐでも次の食事のことが気になる。	○	
50	お付き合いで食べることが多い。	○	○
代理摂食			
5	冷蔵庫に食べ物が少ないと落ち着かない。	○	○
16	イライラしたり心配事があるとつい食べてしまう。	○	○
23	身の回りにいつも食べ物を置いている。	○	○
31	何もしていないとついものを食べてしまう。	○	○
空腹，満腹感覚			
9	空腹になるとイライラする。	○	○
15	お腹一杯食べないと満腹感を感じない。	○	○
32	たくさん食べてしまった後で後悔する。	○	○
39	空腹を感じると眠れない。		○
49	空腹や満腹感がわからない。		○
53	食前にはお腹が空いていないことが多い。	○	○
食べ方			
1	早食いである。	○	○
8	人から「よく食べるね」と言われる。	○	○
25	よく噛まない。	○	○
41	口一杯詰め込むように食べる。	○	○
55	食事の時は食べ物を次から次へと口に入れて食べてしまう。	○	○
食事内容			
3	コンビニをよく利用する。		○
11	スナック菓子をよく食べる。	○	
14	濃い味好みである。	○	
19	麺類が好きである。		○
26	外食や出前が多い。	○	○
29	食事のメニューは和食よりも洋食が多い。	○	
30	ハンバーガーなどのファーストフードをよく利用する。	○	
40	菓子パンをよく食べる。	○	
43	油っこいものが好きである。	○	
52	甘いものに目がない。	○	
54	肉食が多い。	○	
食生活の規則性			
4	夜食をとることが多い。		
7	宴会・飲み会が多い。		
18	朝が弱い夜型人間である。		○
20	連休や盆，正月はいつも肥ってしまう。		
21	間食が多い。		
27	食事の時間が不規則である。		
35	一日の食事中，夕食が豪華で量も多い。		
37	夕食をとるのが遅い。		
47	ゆっくり食事をとる暇がない。	○	
48	朝食をとらない。		○
その他			
46	ビールをよく飲む。		

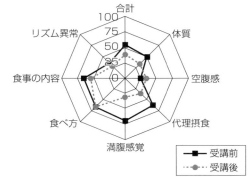

ダイエット教室の効果（食行動）
―■― 受講前 ‥●‥ 受講後

注：食行動質問表（55項目）は，肥満者の認識や行動上の特性を質問紙様式にまとめ，質問に対する程度を4段階（1．そんなことはない　2．時々そういうことがある　3．そういう傾向がある　4．全くそのとおり）で回答してもらうものである。質問項目を7分野に分け，分野別に集計し，ダイアグラムで示し，問題の食行動を修正する目安にしたものである。男性では55項目のうち47項目を，女性では45項目が分野別の対象となっている。ダイアグラムは中心にいくほど食行動のズレが小さくなる。上のダイアグラムは私たちが実施したダイエット教室の受講前後の女性の値を示した。すべての分野で食行動の改善が見られた。

出典：日本肥満学会編『肥満症治療ガイドラインダイジェスト版』協和企画，2007年，p.70を参照

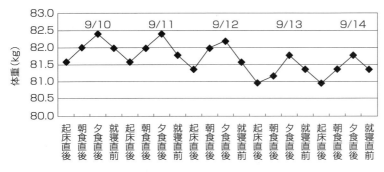

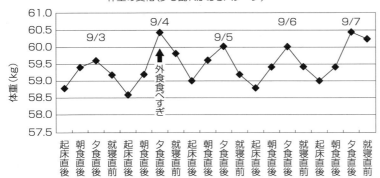

注：体重日記は，1日に起床直後・朝食直後・夕食直後・就寝直前の4回測定し，そのデータをグラフに記入していくものである。体重を，何キログラムという数字で意識するのではなく，グラフの形すなわち波形で視覚的に認識させ，その形がきれいに毎日整うかどうかで，本人に体重管理を徹底させるものである。波形が乱れたり，測定しなかったりすると，グラフが整わず，視覚的に不満足になる。きれいな形を継続することが良好な体重の自己管理へとつながる。上のグラフでは，波形がほぼ整い，3日目以降右下がりになり，体重が減少している。それに対し，下のグラフでは2日・5日目には夕食後の体重が大きく増加し，波形が整わず，体重も増加している。

● 図6-9 ● 体重日記の具体例

出典：日本肥満学会編集委員会編『肥満・肥満症の指導マニュアル［第2版］』医歯薬出版，2001年を参考に筆者の調査成績から作図した。

象者の健康行動について関心をもってもらうような働きかけ，熟考期では改善の動機や自信を強化することによって改善の意思をサポート，準備期では改善に向けての情報を提供し，スムーズに意思決定ができるようなサポート，実行期では行動することによる効果を対象者に知らせ，維持期では維持することによる良さを実感できるようなサポートが必要である。図6-10（p.92）に肥満の行動療法の技法の具体例を示した[14]。

● 表 6-4 ● 食事記録の具体例

時刻	献立	食品名	分量（g）または目安量	場所・状況
朝食 7:15～7:35	ロールパンサンド	ロールパン	70	起きたら母が準備をしてくれていた。ウインナーはゆでたもの
		マヨネーズ	10	
		からし		
		ウインナー	20	
		きゅうり	20	
	アロエヨーグルト		90	
	グレープフルーツジュース		100	
	牛乳		200	
昼食 12:45～13:10	そうめん	そうめん	1.5束	暑いので食べやすいそうめんをつい食べ過ぎてしまいそうになる。野菜を多めに摂って、満腹感を。
		笹かまぼこ	40	
		トマト	20	
		きゅうり	10	
	ピーマンとじゃこの佃煮	ピーマン	30	
		しらす干し	10	
	こまつなの浸し	こまつな	80	
		かつお節	5	
		ごま	1	
	麦茶		120	
間食 15:40～15:50		すいか	180	のどが乾いたのですいかでうるおす。
夕食 19:00～19:45	ごはん	白飯	110	夕食に1杯ビールを飲みたかったが、3日に1回と決めたので、明日の楽しみにおいておこう。
	あさりの味噌汁	あさり	30	
		みそ	12	
		だし汁	150	
	鶏のくわ焼き	とり胸肉	70	よくかんで食べると満腹感が出るように感じる。
		鶏レバー	30	
		しょうゆ		
		酒		
		砂糖		
		しょうが		
		小麦粉		
		サラダオイル	4	
	長いもの煮物	長いも	70	
		かつお節	10	
		焼きのり	5	
	サラダ	トマト	50	
		たまねぎ	10	
		ノンオイルドレッシング	7	
	上記献立の栄養価	エネルギー	1600 kcal	エネルギーはコントロールされているが、内容的にはもう少し改善の余地がある。カルシウムもこの献立では充分取れた。現在の食事ではどうしても、タンパク質・脂質がオーバーしがちなのでそのあたりに気を配ることが重要。食事をよくかんでゆっくり食べることにより満腹感も増す。
		タンパク質	83.6 g	
		脂質	41.7 g	
		カルシウム	690 mg	
		鉄	11.8 mg	

食事記録は、自分の食行動を知り、そのクセやズレに気づくという目的をもっている。
① 食事時間の開始と終了を分単位で記録しよう。
② メニューだけでなく、使っている食品すべてを書き出そう。
③ グラムを正確に計量することにより食べている分量がわかる。正確な記載ができるようになればエネルギーなどの算出もでき、食品群のバランスチェックにもつながる。
④ 摂取場所を記録し、ながら食いやつまみ食いなどのクセがないかをみる。
⑤ 摂取状況の記録で、お腹がすいて食べたのか、けんかをした直後に食べ、食べ過ぎにつながったのかなど食行動のズレがわかる。

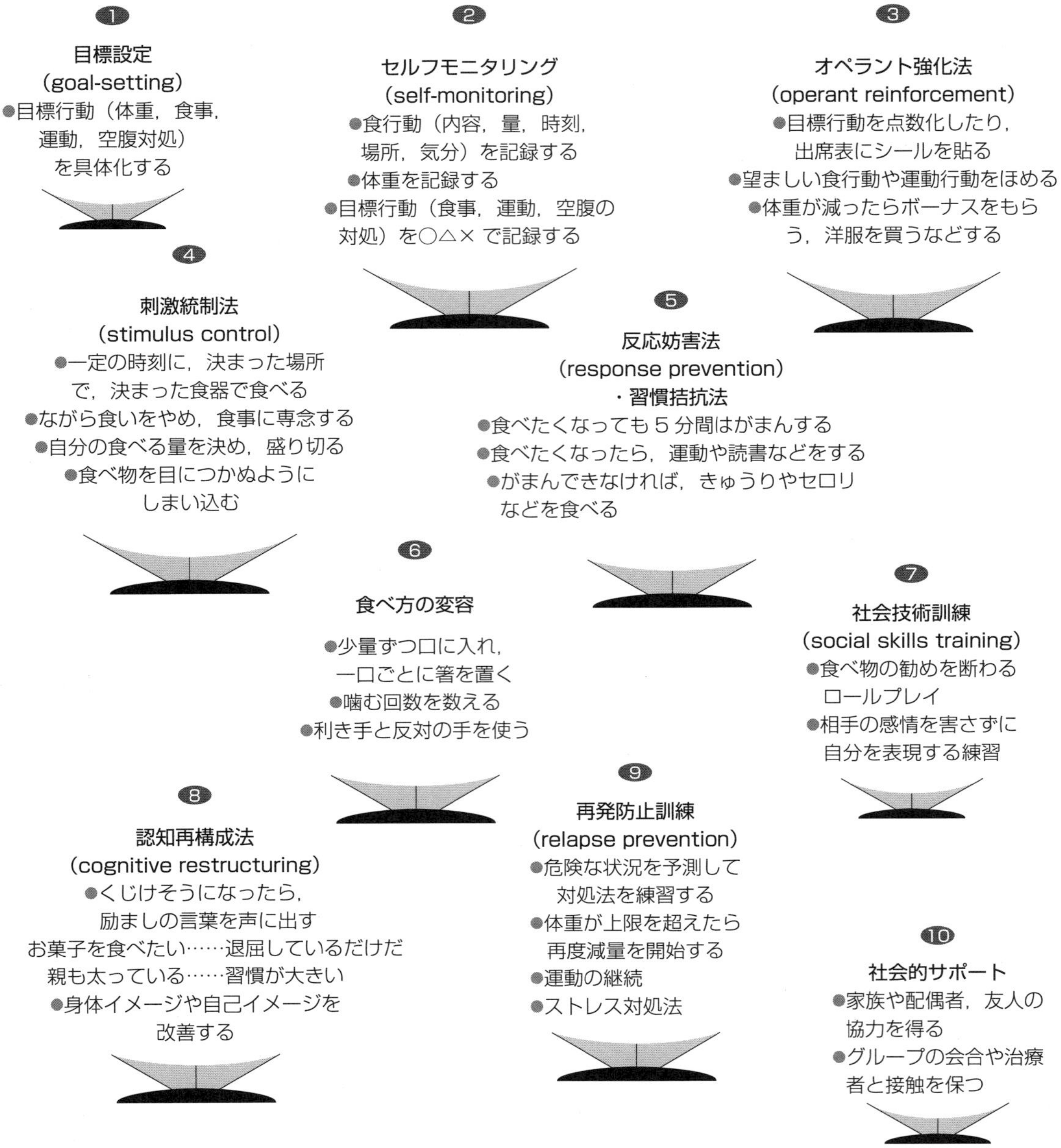

❶ **目標設定 (goal-setting)**
- 目標行動（体重，食事，運動，空腹対処）を具体化する

❷ **セルフモニタリング (self-monitoring)**
- 食行動（内容，量，時刻，場所，気分）を記録する
- 体重を記録する
- 目標行動（食事，運動，空腹の対処）を○△×で記録する

❸ **オペラント強化法 (operant reinforcement)**
- 目標行動を点数化したり，出席表にシールを貼る
- 望ましい食行動や運動行動をほめる
- 体重が減ったらボーナスをもらう，洋服を買うなどする

❹ **刺激統制法 (stimulus control)**
- 一定の時刻に，決まった場所で，決まった食器で食べる
- ながら食いをやめ，食事に専念する
- 自分の食べる量を決め，盛り切る
- 食べ物を目につかぬようにしまい込む

❺ **反応妨害法 (response prevention)**
・習慣拮抗法
- 食べたくなっても5分間はがまんする
- 食べたくなったら，運動や読書などをする
- がまんできなければ，きゅうりやセロリなどを食べる

❻ **食べ方の変容**
- 少量ずつ口に入れ，一口ごとに箸を置く
- 噛む回数を数える
- 利き手と反対の手を使う

❼ **社会技術訓練 (social skills training)**
- 食べ物の勧めを断わるロールプレイ
- 相手の感情を害さずに自分を表現する練習

❽ **認知再構成法 (cognitive restructuring)**
- くじけそうになったら，励ましの言葉を声に出す
- お菓子を食べたい……退屈しているだけだ 親も太っている……習慣が大きい
- 身体イメージや自己イメージを改善する

❾ **再発防止訓練 (relapse prevention)**
- 危険な状況を予測して対処法を練習する
- 体重が上限を超えたら再度減量を開始する
- 運動の継続
- ストレス対処法

❿ **社会的サポート**
- 家族や配偶者，友人の協力を得る
- グループの会合や治療者と接触を保つ

● 図 6-10 ● 肥満の行動療法の技法の具体例

出典：足達淑子編『ライフスタイル療法Ⅰ──生活習慣改善のための行動療法』医歯薬出版，2014 年，p.107

【引用・参考文献】
1）『肥満研究』VOL.17（臨時増刊号）「肥満症診断基準 2011」日本肥満学会，2011 年
2）菱田明・佐々木敏監修『日本人の食事摂取基準 [2015 年版]』第一出版，2014 年
3）土橋一重「学童の肥満と肥満症」『昭和学士会誌』73，2013 年，pp.285-293
4）大野誠ほか『肥満症の生活指導　行動変容のための実践ガイド』2011 年，pp.62-63
5）厚生労働省「平成 25 年国民健康・栄養調査結果の概要」（URL：http://www.mhlw.go.jp/stf/houdou/0000067890.html）

6）Garrido-Chamorro RP, Sirvent Belamdo JE, Gonzalez Lorenzo M, Martin Carratala ML, and Roche E, Correlation between body mass index and body composition in elete athletes., *J. Sports Med. Phys Fitness*, 49, 2009 年, pp. 278-284
7）宮崎滋「肥満症治療ガイドラインの概要」『栄養学雑誌』65, 2007 年, pp. 1-10
8）Shizuka Sasazuki, Manami Inoue, *et al.*, Body Mass Index and Mortality from All Causes and Major Causes in Japanese: Results of a Pooled Analysis of 7 Large-Scale Cohort Studies., *J Epidemiol.*, 21, 2011 年, pp. 417-430
9）文部科学省「平成 26 年度学校保健統計調査結果の概要」（http://www.mext.go.jp/b_menu/toukei/chousa05/hoken/kekka/k_detail/1354492.htm）
10）井ノ口美香子「子どものやせと食事」『小児科臨床』67, 2014 年, pp. 2443-2447
11）加藤秀夫・中坊幸弘・中村亜紀編『スポーツ・運動栄養学』講談社, 2015 年
12）森基子ほか『応用栄養学〔第 9 版〕』医歯薬出版, 2014 年
13）田口素子・樋口満編著『スポーツ栄養学』市村出版, 2014 年
14）足立淑子編『ライフスタイル療法Ⅰ——生活習慣改善のための行動療法』医歯薬出版, 2014 年

【参考 URL】
日本体育協会　　　　http://www.japan-sports.or.jp/index/tabid/36/Default.aspx
日本栄養士会　　　　http://www.dietitian.or.jp/index.html
国立スポーツ科学センター　　http://www.jpnsport.go.jp/jiss/
アメリカ栄養士会　　　　http://www.eatright.org/
オーストラリア栄養士会　　http://daa.asn.au/
カナダ栄養士会　　　　http://www.dietitians.ca/
日本生活習慣病予防協会　　http://www.seikatsusyukanbyo.com/calendar/2012/002064.php

【推薦図書】
1）岡村浩嗣,『ジムに通う人の栄養学』講談社, 2013 年
2）鈴木志保子『基礎から学ぶスポーツ栄養学』ベースボールマガジン社, 2008 年
3）川端輝江・山中由紀子『女子栄養大学のダイエットレシピ』幻冬舎ルネッサンス, 2012 年
4）田口素子編著『戦う身体をつくるアスリートの食事と栄養』ナツメ社, 2007 年

まとめ

1. 肥満とは，脂肪組織が身体に過剰に蓄積した状態と定義されている。
2. 内臓周辺の脂肪からは，生活習慣病の進展に関与するさまざまな生理活性物質が分泌されている。
3. ウエスト周囲長が，男性 85 cm，女性 90 cm 以上あれば，内臓脂肪型肥満の可能性が高い。
4. 肥満の成因は，環境要因，行動要因，遺伝要因が複雑に関与している。
5. BMI は世界的にも肥満の基準として使用されている。BMI 22 標準体重付近の体重維持を心がける。
6. BMI 25 以上であれば肥満と判定する。
7. 体脂肪率を正確に測定することはむずかしく，測定機器により差がみられる。定期的に同じ状況下で測定し，体脂肪量の変化を把握する。
8. 減量計画はあせらず，ゆっくりと。食事・運動・行動療法を組み合わせて筋肉量を維持した減量を目指す。
9. 食行動のクセやズレを認識し，是正する努力が必要である。

第7章 スポーツのための食事学
——中学・高校生の成長期のアスリートに向けて

　わが国では，諸外国とは異なる文化に基づいた現代の食生活があり，その食生活の内容を反映しながら，スポーツ栄養が展開されている。スポーツ栄養の目的にはコンディショニングの維持と競技力の向上の2つの大きな目標があげられるが，特に本書が対象としているジュニアアスリートは，この2つの大きな目的に，成長期における体づくりという目的がプラスされる。成長期の子どもたちのなかでも，スポーツ活動に優先順位を高くおいた子どもたちの食事に対しては，十分な配慮がされなければならない。

1　トレーニングにおける栄養管理

(1)　トレーニングとエネルギー源としての栄養素のかかわり

1　エネルギー摂取の評価

　食事で摂取するエネルギーの目標設定は，前述された手順（第4章，pp.54～58）で**エネルギー消費量の推定**を根拠に行うが，同じ競技種目においても選手の個人差が大きいので十分に検討する。さらにエネルギーバランスを体重，身体組成の測定および体調の把握などさまざまな方法で評価し，エネルギー摂取の目標値が適切であるかを選手ごとに見直す必要がある。一般的には，早朝空腹起床時の排尿後といった一定の条件をそろえた体重測定値を**モニタリング**し，その推移で評価を行う。その場合，ある一定の期間の推移で体重が減少するようであれば，その程度に合わせて**エネルギーバランス**が負であると評価し，摂取エネルギーの目標値を増やす修正を行う。逆に体重が増加する場合は，特に注意が必要である。成長期の子どもにおいては，成長にともなう増加分に加え，

> エネルギー消費量の推定
>
> モニタリング
>
> エネルギーバランス

競技力向上のための体づくりにともなう増加分も考慮したうえで，過剰であると評価された摂取エネルギー量のみを減らす修正が求められる。

2 摂取エネルギーに占めるエネルギー産生栄養素バランス（PFCバランス）

食事のエネルギーは，タンパク質，脂質，糖質から供給される。この3つがどのくらいの割合で含まれているかを**エネルギー産生栄養素バランス（PFCバランス）**という。スポーツ選手の食事では糖質を十分に摂取し，糖質50～60％，脂質20～30％，タンパク質15％程度になることが多い。一般的に日本人の食事はこの値に近い比率であるが，これに比べアメリカでは糖質が50％程度であり脂質の割合が大きい[1]（図7-1）。特に競技力向上のためのウエイトコントロール時には，エネルギー産生栄養素バランスが通常の割合とは異なることが多いため，十分な注意が必要となる。とりわけ増量時には，体重増加にこだわるあまり，摂取エネルギーの高さのみに注意が向くことがあり，脂質からのエネルギー摂取の割合が増える傾向がある。このような場合，結果的に体脂肪量が過剰に増加することがある。

エネルギー産生栄養素
　バランス
（PFCバランス）
（第2章，p.16参照）

3 エネルギー源としての糖質の重要性

運動のためのエネルギーは主に糖質と脂質から産生されるが，脂質だ

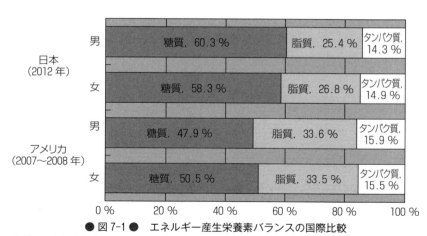

● 図7-1 ● エネルギー産生栄養素バランスの国際比較

資料：厚生労働省「平成24年度国民健康・栄養調査報告」平成26年5月（http://www.mhlw.go.jp/bunya/kenkou/eiyou/h22-houkoku-01pdf）
　　　アメリカ（2007～2008年）は，NHANES2007～2008年の結果として発表されたもの
　　　（http://www.cdc.gov/nchs/data/databriefs/db49.pdf.）

けをエネルギー源とすることは代謝上むずかしい。糖質は主に筋肉と肝臓でグリコーゲンとして貯蔵されるが貯蔵量は多くない。**筋グリコーゲン**は筋肉を動かすエネルギーとなり，消費されれば筋肉の直接のエネルギー源が不足し，運動の継続がむずかしくなる。**肝グリコーゲン**の主な役割は血液中にグルコースを供給することであり，また血液中のグルコースは脳の唯一のエネルギー源である。肝グリコーゲンが枯渇して血液中にグルコースが供給できなくなると，血糖値が低下し，場合によっては**低血糖症状**（意識低下や低体温など）になることがある。

筋グリコーゲン

肝グリコーゲン

低血糖症状

以上のように，グリコーゲンを十分に利用できる状態にしておくことが，質の高いトレーニングをこなすために重要である。運動の継続時間が長い場合は，運動中に糖質を補給することも考えなくてはならない。さらにトレーニング後は消費されたグリコーゲンをすみやかに回復させることが，体づくりやコンディショニングのうえで重要である。

④ エネルギー源としてのタンパク質，脂質

タンパク質は体づくりに必要な栄養素であるが，消費エネルギーが非常に大きく，糖質や脂質によるエネルギー供給がむずかしい場合には，エネルギー源となることがある。また糖質やタンパク質が1gあたり4 kcalのエネルギー量であるのに対して，脂質は1gあたり約9 kcalと高く，多くのエネルギーをコンパクトに貯蔵できるとともに摂取できる。ただし，最近の日本人，特に若い年代を中心とした人々の食習慣は脂質からのエネルギー摂取が多い傾向があるため[2]，適量摂取を心がける必要がある。運動選手でエネルギー消費量が大きい場合でも，脂質からのエネルギーは全体の30％程度までにする。

（2） トレーニングと食事計画

ジュニアアスリートのトレーニング時の食事において，主食・主菜・副菜を組み合わせる点では，一般的な食事の基本形と同じである（図7-2，p.98）。さらに成長期であることやスポーツ活動を通して必要とされる栄養摂取が増えるため，毎食，乳製品や果物を加えて栄養バランスを整える。1日3回の食事では摂取しきれない場合は**補食**を活用する。ここでは目標とする栄養素量を満たす食事の献立のつくり方と効果的な食事

補食
（第6章，p.87参照）

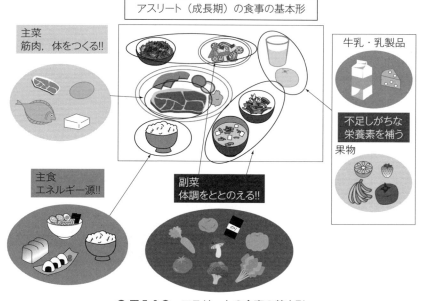

● 図 7-2 ●　アスリートの食事の基本形

計画の作成について考える。

1　エネルギーと主な栄養素の摂取目標の考え方

　対象となる選手に必要な糖質量およびタンパク質量の絶対量（体重1 kg あたりの目標量から個別に算出する）を決め，その摂取を優先したうえで，目標エネルギーに対するエネルギー比率を求める。一般的にはタンパク質は15〜18％，脂質は25〜30％，糖質は55〜60％のエネルギー比率となるので，これらの範囲に入るよう調節する。最終的には脂質の摂取量で調整することが多い。消費エネルギー量の増加のほかに，トレーニングの内容や量，および気温などの環境条件によってもビタミンやミネラルの必要量が増えることから，これら微量栄養素が十分に摂取できるような食品選択を心がけ，**栄養密度**の高い食事となるように配慮する。表 7-1（p. 99）はスポーツ選手向けに，摂取エネルギー別に各栄養素等摂取の目標量（例）を示したものである。この摂取基準例は日本人の食事摂取基準（第 5 章，p. 65〜）に示された数値の30〜50％増を目標値としている。成長期のアスリートは特に個人差が多く，目標値が適切であるかの評価を常に求められる。

栄養密度

● 表 7-1 ● エネルギー別の栄養素等の目標量（例）

栄養素	4,500 kcal	3,500 kcal	2,500 kcal	1,600 kcal	備考：算定基礎
タンパク質 (g)	150	130	95	80	エネルギー比率：13～20%
脂質 (g)	150	105	70	45	：25～30%
炭水化物 (g)	640	500	370	220	：55～60%
カルシウム (mg)	1,000～1,500	1,000～1,200	900～1,000	700～900	目安量を適用
鉄 (mg)	15～20	10～15	10～15	10～15	推奨量の15～20%増
ビタミン A (μgRE)*	1000	900	900	700	推奨量の20%増
ビタミン B_1 (mg)	2.7～3.6	2.1～2.8	1.5～2.0	1.0～1.3	0.6～0.8 mg/1,000 kcal
ビタミン B_2 (mg)	2.7～3.6	2.1～2.8	1.5～2.0	1.0～1.3	0.6～0.8 mg/1,000 kcal
ビタミン C (mg)	100～200	100～200	100～200	100～200	
食物繊維 (g)	36～45	28～35	20～25	13～16	8～10 g/1,000 kcal

*RE：レチノール当量
出典：小林修平・樋口満編著『アスリートのための栄養・食事ガイド［第3版］』第一出版，2014年，p.19を改変

2 食 品 構 成

食品構成は目標栄養量を満たすためにとるべき食品の目安量を食品群別に表したもので、献立を立てる際に役立つ。実際にエネルギー別の食品構成を表7-2に、さらにその中から2,500 kcalと3,500 kcalの食品摂取の目安を図7-3（p.100）に示す。実際に3,500 kcalの食品構成にしたがって献立を作成する場合、図7-4（p.101）のように食品を振り分けて作成する。表7-3（p.102）は食品構成にしたがって作成した献立の食事別栄養素量の表である。目標栄養素量に近い栄養素摂取が可能である。

食品構成

この献立例では朝、昼、夕食ではそれぞれ1,000 kcal、そして補食は500 kcalを目標とした。補食は、朝食前の軽いトレーニングや筋グリコーゲンを大幅に消耗するトレーニングの直後などに軽い食事として何回かに分けて摂取することを想定してエネルギーを高めに設定した。スポーツ選手にとっての補食は、必要なエネルギーや栄養素を摂取するために臨機応変に摂取できる重要な食事の1つである。

● 表 7-2 ● エネルギー別食品構成（例）(g)

エネルギー (kcal)	穀類	肉類	魚介類	卵類	豆類	乳類	いも類	野菜類		藻類	きのこ類	果実類	砂糖類	油脂類
								緑黄色	その他					
4500	650	180	80	100	120	800	100	150	250	4	15	250	30	55
3500	520	130	70	70	100	600	100	150	250	4	15	200	25	40
2500	350	80	60	50	100	500	80	150	200	4	15	200	15	20
1600	240	50	40	50	60	250	70	150	200	4	15	150	8	12

出典：小林修平・樋口満編著『アスリートのための栄養・食事ガイド［第3版］』第一出版，2014年，p.108より一部抜粋

	目安			
	2500kcal		3500kcal	
穀類	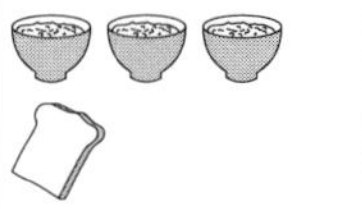	米 290g（ごはん670g）パン 60g	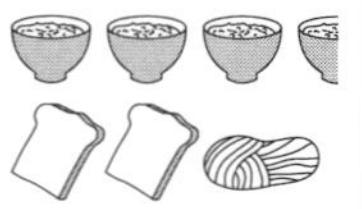	米 320g（ごはん740g）パン 120g その他 80g
肉類		80g	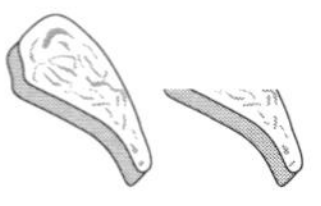	130g
魚介類	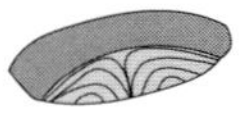	60g	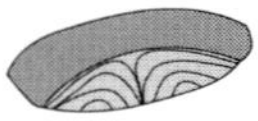	70g
乳・卵類		乳類 500g 卵 50g		乳類 600g 卵 70g
豆類	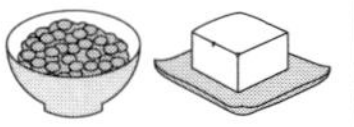	みそ,豆腐,納豆など 100g	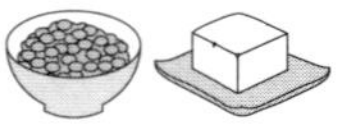	みそ,豆腐,納豆など 100g
緑黄色野菜		ほうれんそう,こまつな,かぼちゃ,にんじん,トマト,ブロッコリーなど150g		ほうれんそう,こまつな,かぼちゃ,にんじん,トマト,ブロッコリーなど150g
その他の野菜・いも類・藻類・きのこ類		その他の野菜 200g いも類 80g 藻類 4g きのこ類 15g	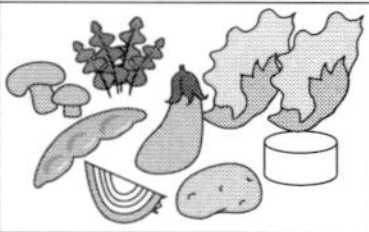	その他の野菜 250g いも類 100g 藻類 4g きのこ類 15g
果物類	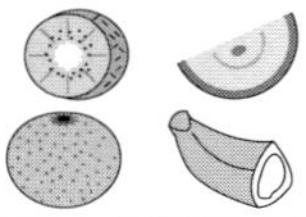	200g	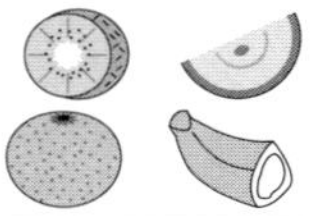	200g
砂糖類・油脂類	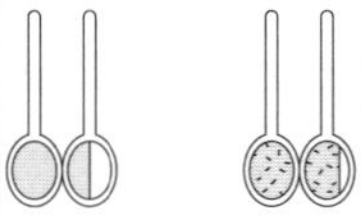	砂糖類 15g 油脂類 20g	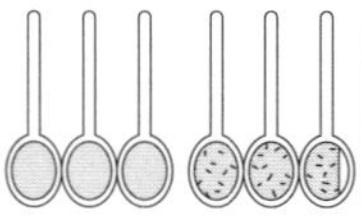	砂糖類 25g 油脂類 40g

● 図7-3 ● 食品摂取の目安

● 図7-4 ● 食品構成の食品の振り分けとメニュー作成

3 トレーニングスケジュールと食事計画

　スポーツ選手の食事では多くのエネルギー摂取が必要であるため，**食事量**が増加することが多い。しかし，トレーニング内容や疲労度，気温や湿度などの環境条件によっては食欲が低下し，決められた食事量をとりきれないことも考えられる。**トレーニングスケジュール**や選手個々の状況に合わせて食事計画をつくることが大切である。

食事量

トレーニングスケジュール

● 表7-3 ● 3500 kcal（通常トレーニング期）モデルメニュー献立の栄養素等含量

食事区分	エネルギー	タンパク質	脂質	炭水化物	カルシウム	鉄	レチノール相当量	ビタミンB$_1$	ビタミンB$_2$	ビタミンC	食物繊維総量
	kcal	g	g	g	mg	mg	μg	mg	mg	mg	g
朝食	1084	38.4	44.3	134	482	4.6	306	0.46	0.68	79	9.2
昼食	1105	38.5	28.9	168	487	3.1	690	0.97	0.82	77	7.3
夕食	1001	49.7	23.7	140	137	7.7	5999	0.50	1.37	50	6.4
補食	450	13.4	8.3	77	266	0.4	181	0.13	0.34	3	1.1
1日合計	3639	140.0	105.2	520	1372	15.8	7176	2.06	3.21	210	23.9
3500 kcalの場合の栄養素等摂取基準	3500	130.0	115.0	480	1000～1500	15～20	900～1200	2.1～2.8	1.8～2.1	200	28～35

　1日の目標エネルギーを朝・昼・夕の3食および補食に配分する。基本的には朝・昼・夕の3食は1日の目標エネルギーの30％前後にし，残りを補食からとる。しかし，この配分はトレーニングや試合のスケジュールなどで変動する可能性がある。朝食前のトレーニングは空腹で行うことは避け，ドリンク類と小さめのおにぎりなど胃にもたれない範囲で水分補給とともに軽く食事をとるようにしたい。さらに，午後のトレーニング前など1日に数回の補食が必要ならば，補食のエネルギーの比率を高めに設定する。しかしながら食事の中心は栄養バランスのとれた内容の朝・昼・夕の3食であることは変わらない。また，長時間にわたる走り込みや自転車のロード練習などでは，トレーニング中にドリンクや栄養補給のための補助食品，あるいは軽い食事をとることがある。このような場合はトレーニング中に摂取する栄養素も1日の摂取目標値の中に組み入れて食事計画をつくるべきである。場合によってはこれらの補食でエネルギーのとりすぎになるので注意が必要である。また，厳しいトレーニングが続くと食事が夕食に偏る場合があるが，できるだけエネルギーを消費する時間に合わせたエネルギー摂取を心がける。夕食のエネルギー比率が高まって体脂肪の蓄積につながりやすい条件をつくらないように注意する。

4　栄養・食事の評価

　スポーツ選手に限らず栄養管理を行う場合は，**栄養評価**が必要である。食事計画を作成し，実践して終わりなのではなく，その内容が選手にと

栄養評価

って適切であったかの評価を行い改善しなければならない。その際スポーツ選手の評価項目には競技力や体力などの項目を含める。栄養評価の方法は選手自身が日常的に行うものと公認スポーツ栄養士などの専門家が行うものとがある。

まず選手自身が行うものでは体重，体調や簡単な食生活のチェックなどがある。これらは手間や労力をあまりかけずに行えることが望ましい。そのために体重や体調などの記録表（第6章，図6-9，p.90）や食生活チェック表（表7-4）などを選手に提供し，自己管理の一環として実施するとよい。これはコーチや栄養士などが評価する場合にも非常に大切なデータとなる。また公認スポーツ栄養士や管理栄養士などの専門家が栄養評価を行う場合には，表7-5（p.104）のように総合的に行うが，表にあげた項目のデータをすべてそろえるのではなく，必要な項目を選手の負担も考慮しながら実施する。調査や測定は，選手にも実施する側にも時間と労力の負担がかかることである。たとえば体重歴や既往歴などは最初の調査だけで十分である。また記録による生活時間や食事調査で得られる数値は大きな誤差が出る可能性があり，実施にあたっては注意を要する。

● 表7-4 ● 選手自身が行う体調管理記録用紙例

月日	月経周期	体調	朝体重	練習前体重	練習後体重	夜体重	練習内容と気づいた点	食事内容の特記事項
8月1日								
8月2日		1	57.8				体がだるい	
8月3日		1	57.8	58.3	56.7	58.2	体が筋肉痛でだるい	食欲がいつもよりある
							解散（夏休み）	
8月12日		1	58.1			58.6	集合（練習開始）	食欲がある
8月13日		1	58.3	58.9	57.8	58.7	合宿開始	合宿でいつもより多く食べている
8月14日	1	0	58.5	58.8	57.9	58.9	合宿で疲れている，腹痛	〃
8月15日	2	0	58.4	59.2	58.1	59.4	腹痛，体重増加	〃
8月16日	3	1	58.8	59.5	58.0	59.4		〃
8月17日	4	0	59.0	59.6	58.4	59.3	体が疲れている	〃
8月18日	5		58.8	59.3	58.1	58.8		
8月19日	6	0	58.2	59	57.8	58.5	2部連でとても疲れた	水分をいつもより摂った（ジュース系）
8月20日	7	0	57.9	58.2	57.0	57.5	〃	〃
8月21日	8	0	57.2	57.8	56.8	57.7	〃	〃
8月22日	9	1	57.4			58.1	オフ	すき焼き食べ放題

良い2，普通1，悪い0

● 表 7-5 ●　栄養評価項目の例

①	質問用紙による身体状況・生活調査 　　食環境（一人暮らしか，自炊かなど） 　　体重歴 　　既往歴（これまでにかかったことのある病気） 　　運動歴 　　生活時間調査（起床，食事，練習，就寝などの大体の傾向） 　　嗜好（好ききらいについて） 　　自覚的な健康状態について（疲れやすい，下痢をしやすいなど）
②	食物摂取状況調査（代表的なものとして） 　　自記式記録法（選手に食べた食品すべての重量あるいは目安量を記録してもらう） 　　24時間思い出し法（栄養士が面接を行い選手に前日の食事内容を思い出してもらう） 　　食物摂取頻度調査（食品のチェックリストを用意し，特定の期間の摂取頻度に答えてもらう）
③	身体測定 　　身長，体重，体脂肪率（皮下脂肪厚法，インピーダンス法など）， 　　周径囲（バスト，ウエスト，ヒップ，上腕囲，大腿囲など）
④	体力測定 　　握力，背筋力，脚力，垂直跳び，最大酸素摂取量，最大心拍数など
⑤	生理・生化学的検査 　　血液：タンパク質・脂質・貧血に関する項目など血中関連指標 　　尿：排泄成分（ケトン，クレアチニン，尿素窒素，3-メチルヒスチジンなど） 　　消費エネルギー：測定法（呼気から測定する間接熱量測定法，心拍数法），算出法（生活時間調査）

（3）トレーニングにおける体づくりと栄養のかかわり

1　筋肉づくりにおけるタンパク質の役割

　タンパク質は常に体の中で分解と合成が行われ，活発に代謝されている。そのため，毎日食事として摂取する必要がある。

　①　タンパク質の推定平均必要量参照値と推奨量および耐容上限量

　一般成人の**タンパク質推定平均必要量算定**の参照値は 0.72 g/kg/日であり[3]，これに**タンパク質の推奨量算定係数** 1.25 を乗じた 0.9 g/kg/日が推奨量となる。しかし運動時にはタンパク質の代謝が活発になり，発汗などで損失量が増えるため必要量が増す。タンパク質の代謝には運動の種類・強度・持続時間などが影響するので，運動時には日本人の一般成人の**タンパク質推奨量**である 0.9 g/kg/日では不足すると考えられる。また現時点では，**タンパク質の耐容上限量**は，過剰摂取による健康障害に関する十分な報告が見当たらないことから設定されていない。日本人の食生活を考慮すると 2.0 g/kg/日未満にとどめるのが適当であるといわれているが，科学的根拠は十分ではない。また，運動不足の状態ではタンパク質の異化状態を招き，適度な活動量ではタンパク質の利用効率

タンパク質推定平均必要量算定

タンパク質の推奨量算定係数

タンパク質推奨量

タンパク質の耐容上限量

が上がり，さらに激しい運動はタンパク質の分解を更新させるために，運動強度にともなって，タンパク質必要量はU字型を描くといわれている[4]。

② スポーツ選手のためのタンパク質とエネルギー摂取について

スポーツ選手のタンパク質摂取に関して，アメリカスポーツ医学会（ACSM），アメリカ栄養士会（ADA）およびカナダ栄養士会（DC）の共同声明では，タンパク質摂取について以下のようにまとめられている。持久性および筋力トレーニングを行っているアスリートは1.2〜1.7g/kg/日のタンパク質摂取が推奨され[5]，この量は一般的にアミノ酸やタンパク質のサプリメントを使わなくても食事により摂取できる量である。体内においてタンパク質が効率よく利用され，競技力を発揮するためには十分なエネルギー摂取が必要である。また，この共同声明にあるように，筋肉づくりのためには，タンパク質の摂取だけではなく体重を維持するための十分なエネルギー摂取が必要とされる[5]。

③ 筋肉づくりのためのタンパク質摂取量とトレーニングとの関係

筋肉づくりのためにはトレーニングが必要であり，タンパク質摂取量を増やしても，必ずしもそのすべてが筋肉づくりに利用されるわけではない。図7-5では，タンパク質摂取量を増やしても体タンパク質の合成

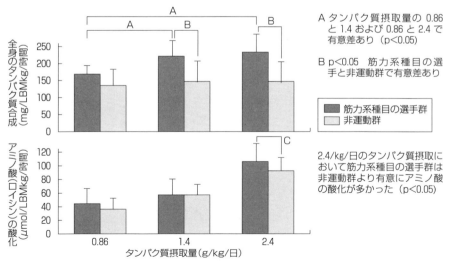

● 図7-5 ● 体タンパク質合成およびアミノ酸の酸化に対するタンパク質摂取量と運動トレーニング

出典：Tarnopolsky, M. A. *et al.*, Evaluation of protein requirements for trained strength athletes, *J Appl Physiol*, 73, 1992, pp. 1986-1995. を一部改変

有意差

客観的に差があることを示すために誤差も含めて統計処理を行い，差の有無を確認する。差があれば「有意な差がある」という。統計処理の結果が間違っているかもしれない確率（有意水準，または危険率，pで示す）は5％未満に設定されることが多い。

に利用できる量には限界があること，さらにトレーニングせずにタンパク質摂取量を増やしても体タンパク質の合成は増えないことを示している[6]。1.4 g/kg/日と 2.4 g/kg/日のタンパク質摂取量での体タンパク質合成を比較しても違いは認められないことから，2.4 g/kg/日のタンパク質摂取は過剰摂取である可能性を示している。これは図 7-5（p.105）のアミノ酸の酸化が 0.86 g/kg/日および 1.4 g/kg/日と比較して，2.4 g/kg/日のタンパク質摂取量で有意に増加していることからもわかる。

2 骨づくりとカルシウム

① 骨づくりとライフステージのかかわり

ヒトは乳児のころより乳汁からカルシウムを吸収し，骨づくりを活発に行っている。思春期になるとホルモンの状態が変わり**骨量（骨密度）**の増加のスピードが最大となるが，その増加スピードは短時間で減少する。女性では 18 歳ごろ，男性ではやや遅れて生涯の**最大骨量**に達する。30 歳以降から骨量は少しずつ減少するが，ライフスタイルをよい状態に保つことで減少のスピードは抑えられる。その後，女性では女性ホルモンが急激に減少する更年期あたりから骨密度も急激に減少し，**骨粗しょう症**の発症が増加し始める。

> 骨量
> 骨密度
>
> 最大骨量
>
> 骨粗しょう症

スポーツ選手の骨づくりには 20 歳ごろまでの食事やトレーニング状況が大きな影響を及ぼす。特に女子選手では無理な減量のための過激な食事制限が，骨づくりに悪影響を及ぼすことがある。

② 骨密度と競技種目

一般的に適度な運動は，骨へのメカニカルストレスを与えるので，骨密度を充実させるために必要である。実際に，柔道やバレーボール，バスケットボールなど衝撃の強い競技種目の選手では骨密度が高い傾向にある（図 7-6, p.107）。一方，陸上長距離の選手や重力の影響を受けにくい水泳などの競技種目の選手になると一般人より骨密度は低い場合がある。特に陸上長距離種目や減量を必要とする競技の女子選手では無理な食事制限で栄養不足に陥っている例もある。このような選手の中には**月経障害**や**骨密度の低下**を起こしている場合がある。

> 月経障害
>
> 骨密度の低下

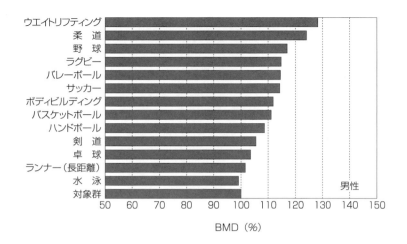

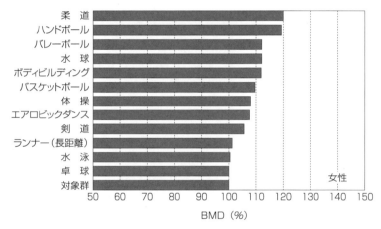

● 図7-6 ● 各種スポーツと骨密度

（注）横軸は対照群に対する骨密度の相対値を示す。
出典：小沢治夫「スポーツ種目と骨密度」『臨床スポーツ医学』11（11），文光堂，1994年，p.1247

③ 体内でのカルシウムの役割

骨には体内のカルシウムの約99％が存在し，残りの1％が血液や細胞などに存在している。カルシウムは，骨づくりよりも生命維持のために細胞内外の**カルシウム濃度**を一定に保つことを優先して利用される。血液中のカルシウム濃度が低下すると，骨からカルシウムが溶け出してその濃度を一定にしようとする作用が働く。この作用を**骨吸収**という。骨吸収を防ぐためにも食事からのカルシウム摂取を十分にし，血液中のカルシウム濃度を保つ必要がある。

カルシウム濃度

骨吸収

④ カルシウム摂取の目標量

カルシウムは体内での吸収率が悪い栄養素である（第2章，pp.23～24

参照)。乳児期や思春期のころは体が要求するカルシウム量が増えるために吸収率が増加するが，それでも45〜50％くらいで，他の年代では30〜40％くらいにとどまる。血液中に吸収されたカルシウムも汗や尿でさらに失われるため，骨へたどり着く量はさらに少なくなる（図7-7）。

『日本人の食事摂取基準［2015年版］』ではカルシウムの推定平均必要量，推奨量および耐容上限量が示されているが（巻末・表6-3，p.164），スポーツ活動にともなう増加量を考慮した値は示されていない。スポーツ選手向けには日本人アスリートのエネルギー別の栄養目標量例として示されたものがある（表7-6）。この値は健康な日本人を対象に示された食事摂取基準の10

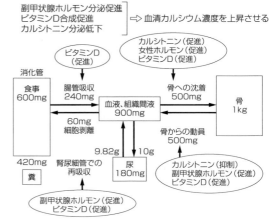

● 図7-7 ● 成人におけるカルシウム代謝
出典：岡佐智子編『新編小児栄養』相川書房，1998年，p.52

● 表7-6 ● 日本人アスリートのカルシウム目標量例

エネルギー（kcal）	4,500	3,500	2,500	1,600
カルシウム（mg）（目安量を適用）	1,000〜1,500	1,000〜1,200	900〜1,000	700〜900（減量を想定した場合）

出典：日本体育協会スポーツ医・科学専門委員監修，小林修平・樋口満編著『アスリートのための栄養・食事ガイド［第3版］』第一出版，2014年，p.110より一部抜粋

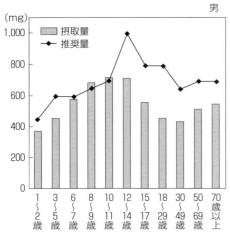
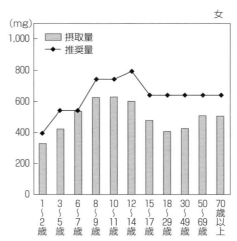

● 図7-8 ● カルシウム摂取量の平均値と推奨量
資料：カルシウム摂取量　平成24年厚生労働省国民健康・栄養調査結果 (http://www.mhlw.go.jp/stf/shingi/0000041824.html)
　　　カルシウム推奨量　厚生労働省策定『日本人の食事摂取基準』［2015年版］(http://www.mhlw.go.jp/bunya/kenkou/kenkou_eiyou_chousa.html)

～50％増としている。しかし，この値でもトレーニング量の変化に対応しきれないことが考えられる。必要に応じて栄養評価を行いながら，適切に対応することが求められる。また図7-8（p.108）のように男女ともに若い年代を中心にカルシウムの摂取不足の傾向がみられるので，成長期のジュニアアスリートにおいては十分な配慮が必要となる。

試合期における食事および栄養管理

スポーツ選手の栄養・食事計画は主に**トレーニング期**，**試合期**，シーズンオフにあたる**オフ（休養）期**の3つに分けて考える。トレーニング期の食事については本章1節で述べたとおりである。この項では，試合期における食事および栄養管理について述べる。

トレーニング期
試合期
オフ（休養）期

（1） 試合前の食事および栄養管理

試合前はトレーニングの最終段階であり，試合に向けての調整を行う時期である。試合での最高のパフォーマンスを実現できるように，筋グリコーゲンの十分な蓄積と疲労回復を主としたコンディションの調整を行う。そのため，一般的にはトレーニング期より運動量が減少し，消費エネルギーが少なくなる傾向にある。

持久系スポーツでは，トレーニング期には1日に長時間の走り込みなどのトレーニングが続くが，調整期に入るとトレーニング期の疲労を回復させるために練習量を少なくするテーパリングを行うのが一般的である。さらにレース1週間前あたりから筋グリコーゲンの十分な回復や蓄積を行う。この時期にグリコーゲンローディング（本章，p.114）を行う場合があるが，選手によっては下痢など体調不良を訴える場合があるので注意が必要である。また通常の食事より主食量を増やし，調理で油脂の使用を控えるなどの調整だけで十分な選手もいるため，選手ごとの体調に合わせて調整する。

球技系スポーツではフォーメーションの確認やシュート練習が増え，運動量が減少する場合が多い。減少した消費エネルギーに合わせて摂取エネルギーを抑えなければ体脂肪の増加につながるおそれがある。練習

の疲労を十分に回復させることが大切で，ポジションによっては持久系スポーツと同様に脂質を抑え，主食などで糖質を十分に摂取する調整を行う。最近，瞬発系スポーツ関係者の一部では**クレアチンローディング**（クレアチン摂取による筋肉内クレアチンリン酸量と除脂肪体重の増加）に関心が寄せられている。しかし現段階では安全性が十分に検討されているとはいえず，この方法に頼るよりトレーニング段階からの体づくりと日ごろの食生活に気をつけるほうが大切である。

クレアチンローディング

1 貯蔵グリコーゲン量を高める食事

試合前の栄養管理では試合時に十分なパフォーマンスが発揮できるよう貯蔵グリコーゲン量を増やし，消費された筋グリコーゲン量を十分に回復することが求められる。筋グリコーゲンが不足すると持久力が低下し質の高いトレーニングができず，試合中では疲れやすく十分に力を発揮できない可能性が生じる。表7-7に示すように食事に含まれる糖質の

● 表7-7 ● 異なる種類の食事を摂った場合の体内各組織の貯蔵糖質（グリコーゲン，グルコース）量（体重70 kgの非肥満男性）

貯蔵組織	組織重量	混合食	高糖質・低脂肪食	低糖質・高脂肪食
肝臓	1.2 kg	40～50 g	70～90 g	0～20 g
細胞外液	12 kg	9～10 g（90 mg%）	10～11 g（100 mg%）	8～9 g（70 mg%）
筋肉	32 kg	350 g	600 g	300 g

出典：Horton, E. S., Terjung, R. L. ed., *Exercise, nutrition, and energy metabolism*, Macmillan London : Collier Macmillan, 1988.

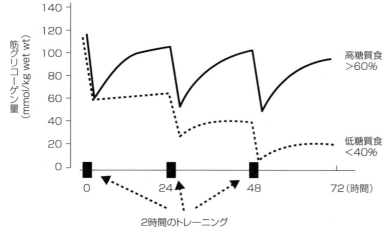

● 図7-9 ● 筋グリコーゲンの回復には高糖質食が必要である
出典：Costill, D. L. and Miller, J. M. Nutrition for endurance sport: carbohydrate and fluid balance, *Int J Sports Med*, 1, 1980, pp. 2-14.

割合が高い**高糖質食**は体内の貯蔵グリコーゲン量を増加させると報告されている。図7-9（p.110）の研究は，1日2時間の激しいトレーニングを続ける場合，減少したグリコーゲンの回復には糖質60%以上の高糖質食が必要であることを示している。さらに糖質が40%以下の**低糖質食**では次の日のトレーニング開始時に筋グリコーゲン量が元のレベルに回復せず，次第に筋グリコーゲン量が減少することを示している。以上のようにスポーツ選手の食事では，消費した体内のグリコーゲン量を回復するために糖質エネルギー比が60%以上の高糖質食が必要である。日本人の場合，エネルギー摂取が十分であれば特別なメニュー調整をしなくても，食事の基本形に沿って主食を十分にとり，副菜ではいも類を使用するなどの配慮をするだけで対応が可能であることが多い。

高糖質食

低糖質食

グリセミックインデックス（GI）

● 表7-8 ● 主な食品のGI値

グルコース	100
食パン	63±10
スポンジケーキ（プレーン）	46±6
バナナ	52±4
めし	64±7
うどん（ゆで）	62±8
じゃがいも（ゆで）	50±9
ミルクチョコレート	43±3
はちみつ	55±5

出典：Foster-powell, K.K et al., International table of glycemic index and glycemic load values, Am. J. Clin. Nutr, 76, 2002, pp. 5-56

2 その他貯蔵グリコーゲン量を高めるとされている方法

① グリセミックインデックス（GI）を活用した方法

GIとはある食品を食べたときに，どのくらい血糖値が上昇するかを示した指数である（表7-8）。血糖値が上昇すると膵臓からインスリンというホルモンが分泌され血糖値を下げようと

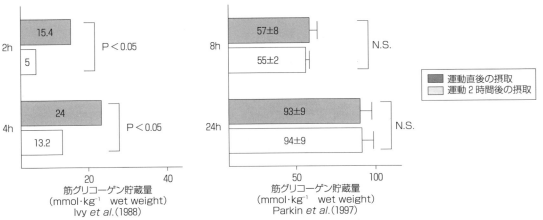

注：長時間の運動後，6～8時間以内の短い回復時間しか持てない時は，糖質の摂取が2時間遅れるとグリコーゲンの回復に影響を与える。十分な量の糖質が摂取されなければ効果的なグリコーゲン回復は起こらないため，4時間の回復時間では，運動直後の糖質摂取と比べて2時間遅れた場合には回復がうまくいかない（Ivy et al. 1988）。回復時間が十分で（8-24時間），糖質摂取が十分な量であれば運動直後に糖質摂取をすることのグリコーゲン貯蔵への影響は薄れる（Parkin et al. 1997「改変」）。

● 図7-10 ● グリコーゲン蓄積量の回復と糖質摂取タイミング

出典：Burke, L. M. et al., Carbohydrates and fat for training and recovery, Journal of Sports Science, 22, 2004, pp. 15-30.

するが，GI の高い食品ほど摂取した後に血液中のインスリン濃度を高めるといわれている。このインスリンは血糖値を下げるとともに，グリコーゲンの合成を助ける働きがあるため，GI 値の高い食品は貯蔵グリコーゲン量を高めるのに効果的と考えられている。しかし，表に示した GI 値は，その食品を単独で摂取した場合の値であり，食物繊維や脂質の多い他の食品と同時に，摂取する食品や料理の食べ合わせや調理法により値は変化する。

図7-10（p.111）は，グリコーゲン蓄積量の回復と糖質摂取のタイミングについて示している。糖質は運動の直後に摂取したほうが2時間後に摂取するよりグリコーゲンの回復は早いことがわかる。しかし，8～24時間の回復時間がとれる場合には，糖質の摂取量が十分であれば運

● 表7-9 ●　アスリートのための糖質摂取に関する最新ガイドライン

- アスリートはトレーニングプログラムに必要なエネルギー量を満たすこと，運動間の休息時に筋グリコーゲンの貯蔵量を効果的に回復させることを目的として糖質摂取を心がけるべきである。一般的な目標値を示したが，選手個々の1日のエネルギー必要量や，トレーニングに応じた（エネルギー）必要量，トレーニングでのパフォーマンスの成果を検討して調整すべきである。
  - 運動後，すぐに回復させる場合（0〜4H）：1.0〜1.2 g/kg 体重/時間を数回に分けて摂取
  - 運動後の回復期間が1日の場合：継続時間が中程度，低強度のトレーニング：5〜7 g/kg/日
  - 運動後の回復期間が1日の場合：中〜高強度の持久性トレーニング：7〜12 g/kg/日
  - 運動後の回復期間が1日の場合：非常に激しいトレーニング（4〜6時間以上）：10-12 g/kg/日以上
- 回復期の食事や補食には，タンパク質や他の栄養素を摂取できるように，糖質以外の他の栄養素を多く含む糖質性食品に他の食品を加えることが望ましい。これらの栄養素は，糖質とは異なるプロセスで回復を助けると考えられるからである。たとえば，タンパク質であれば，糖質摂取が不足していたり，補食を十分な回数とれていないときにグリコーゲンの回復を助けることができる。
- 運動間の休息時間が8時間未満の場合，回復時間を最大限に生かすため，最初の運動後できるだけすみやかに糖質摂取すること。回復時間の早い段階で連続的に補食をとることで，糖質摂取の目標値に近づけることは有効である。
- 比較的長い回復時間（24時間）においては，アスリートは個々の状況に応じて無理なく快適に，糖質豊富な食事や補食をとる計画を考えるべきである。ちなみに，糖質を液体でとるか固体でとるかという食品形態によるグリコーゲン合成量に差は認められない。
- 中〜高等度のグリセミックインデックスの糖質豊富な食品は，筋グリコーゲン合成のための糖質源として利用されやすく，回復期の食事における主な糖質として選択すべきである。
- 効率的なグリコーゲン回復のためには十分なエネルギー摂取が重要であるが，食事制限をしている場合，特に女子選手に関しては，糖質摂取の目標値に近づけること，および，十分なグリコーゲン貯蔵回復はむずかしい。

【糖質摂取における注意点】
- 糖質（あるいはエネルギー源となる他の栄養素）のガイドラインは総エネルギー摂取量に対する比率で示されるべきではない。このようなガイドラインは扱いにくく，筋肉のエネルギー絶対要求量を示すものではない。
- アスリートは回復期には過度のアルコール摂取を慎むべきである。なぜなら，運動後の食事に関するガイドラインをおろそかにする恐れがあるからである。アスリートは常に節度を保ってアルコール摂取するべきであり，特に運動後の回復期には気をつけるべきである。

資料：Burke, L. M. *et al*., Carbohydrates and fat for training and recovery, *Journal of Sports Science*, 22, 2004, pp. 15-30

動直後の摂取でなくても筋グリコーゲン量の回復に大きな違いはないということを示している。一方，1日に午前と午後の2試合が予定されている場合は，午前の試合終了後できるだけ早く糖質を摂取することで，2試合目の開始時にはより多くのグリコーゲンが蓄積される。可能な限り運動後はすみやかに栄養摂取をしたほうがよい。また，表7-9（p.112）に成人アスリートのための糖質摂取に関する最新のガイドラインを示した。ここに示される目安はトレーニングにより消費されるエネルギーに見合うだけの十分なエネルギーを摂取するという条件を満たさなければならない。

③ 筋グリコーゲン量とパフォーマンス

競技時間と**筋グリコーゲン量**の推移を示した研究（図7-11）では，サッカーの試合において，筋グリコーゲンがハーフタイム時でゲーム前の約半分以下に，試合終了時では3分の1以下に減少したことを示している。また図7-12では筋グリコーゲンが少ないと，ゲーム中の移動距離が減り，走る距離より歩く距離のほうが増えたことを示している。サッカーではダッシュやキックなど瞬発的な動きがゲーム中に要求されるため，ゲーム後半で筋グリコーゲンが減少すると思いどおりの素早い動きができなくなる可能性が高い。これは同じような競技特性をもつ他の球技系スポーツにもあてはまるであろう。これらの結果から，試合前は筋グリコーゲン量を十分に高めることが重要である。そのために試合前の食事を調整し，試合中は糖質の入ったドリンク（飲料）を適宜摂取するなどしながら筋グリコーゲン量の減少を抑えるようにする。ドリンクは本来水分補給が主な目的であるため，体内での水分利用効率を考慮して糖質濃度は4〜8％の範囲内であり，十分な糖質補給はむず

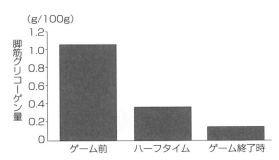

● 図7-11 ● サッカーにおけるゲーム前とハーフタイム，ゲーム終了時の脚筋グリコーゲン量の変化

出典：Kirkendall, D. T., Effect of nutrition performance in soccer, Med. Sci. Sports Exerc, 25(12), 1993, pp. 1370-1374

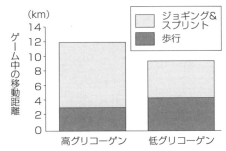

● 図7-12 ● サッカーにおけるゲーム前の筋グリコーゲン量が高い状態と低い状態でのゲーム中の選手の動き

出典：Kirkendall, D. T., Effect of nutrition performance in soccer, Med. Sci. Sports Exerc, 25(12),1993, pp. 1370-1374.

かしい。また，サッカーなど一部の競技では試合に糖質入りのドリンクの持ち込みを制限される場合もあり，競技や試合ごとにルールに応じた最善の方法で対応できるようにする。

④ グリコーゲンローディング

グリコーゲンローディングは主にマラソンやクロスカントリースキーなど競技時間の長い持久系スポーツの選手に行われてきた。図7-13はグリコーゲンローディングの古典的な方法とその問題点を改良した改良法とを行った場合の筋グリコーゲン蓄積量を比較したデータである。古典的な方法では糖質を使い果たす運動と低糖質食を組み合わせて，いったん体内グリコーゲンを使い果たした状況をつくり出し，その後，運動量を減らしたままで高糖質食をとることによる反動で一気にグリコーゲンを体内に蓄積させるやり方である。改良法はテーパリングを行いながら，食事では初期段階で極端な食事法を実施せず，通常に近い50％程度の糖質食をとり，その後，高糖質食に切り替える方法である。古典的な方法では試合前の調整期に極端な食事法とトレーニングを実施することで体への負担が大きかったが，体への負担が軽減された改良法でも，最終的に蓄積できるグリコーゲン量には大きな違いがないことが示されている[7]。

またグリコーゲンローディング法の後半で用いられる高糖質食は，糖

>グリコーゲンローディング

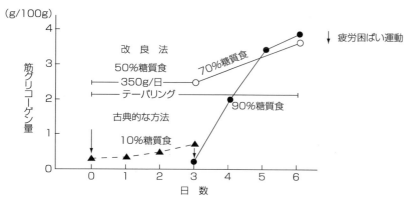

● 図7-13 ● 古典的糖質ローディング法と改良法による筋グリコーゲン量の増加状況の比較

出典：Sherman, W. M., Costill, D. L., Fink, J. W., Miller, J. M., Effect of exercise-diet manipulation on muscle glycogen and its subsequent utilization during performance, Int. J. Sports Med, 2(2), 1981, pp. 114-118

質のエネルギー比が70％以上の食事である。日常的な日本型の食事は糖質エネルギー比が55〜60％といわれ，諸外国の食事と比べると糖質の割合が高い。しかし糖質エネルギー比が70％以上の食事では食品の選び方や量，調理方法など気をつけるべき点が多く，エネルギー調整が不適切だと過剰摂取のエネルギーが体脂肪として蓄積されてしまうことがある。

グリコーゲンローディングは体調不良を引き起こすケースがあることを考慮すべきである。

(2) 試合当日

1 試合前

試合当日の食事では，試合にベストコンディションで臨むために表7-10に示した配慮が求められる。競技種目によって違いはあるが，試合前の食事は試合中のエネルギー源としても体調を整えるうえでも大切なものである。

● 表7-10 ● 試合当日の食事での注意点

①	筋肉と肝臓のグリコーゲンを十分に貯える。試合前の食事では糖質は十分に，消化のよい食品から摂取する。
②	消化に時間のかかるものは避ける。脂質は消化に時間がかかるが，持久系スポーツである自転車のロードレースやトライアスロン，ウルトラマラソンなど競技時間が長い種目では適度に必要である。
③	腸内にガスがたまるようなものは避ける。
④	十分に消化ができるように試合の3〜4時間前に食事を終える。この時間であれば空腹感が抑えられ，血中のブドウ糖やインスリンなどホルモンの量が通常の値に落ち着く。早朝の試合やレース（ウルトラマラソンやトライアスロンでは午前5〜6時のスタートが多い）でも摂取時刻と量，内容に十分配慮した朝食をとるほうが望ましい。そのためにも試合当日に向けて生活時間の調整を行うとよい。

2 試合直前

試合直前では**水分の補給**が中心となる。試合1時間前より15〜30分ごとに数回に分け，1回あたり200〜250 ml程度の水分を補給する。さらに試合中のエネルギー源として糖質も摂取したいが，運動30分前に75 gのブドウ糖摂取により血糖値を低下させ，持久的なパフォーマンスを低下させたとの報告がある[8]。しかし，近年の研究では試合前1時間以内の糖質摂取は避ける必要がないとする見解もあり十分な検討が必要である[9]。

水分の補給

基本的には試合3〜4時間前の食事で十分に糖質をとる。さらに糖質を摂取する場合には1時間前におにぎりやカステラなどの軽い補食，直前の水分補給の際に適度な糖分濃度のドリンクを摂取する。水分摂取については『スポーツ活動中の熱中症予防ガイドブック』（日本体育協会，2006年）を参考にするとよい。

（3）試合およびレース中

球技系スポーツや持久系スポーツなど競技時間が長時間にわたる運動の種類では，水分補給を表8-4（第8章，p.153）の目安にしたがって適宜行う。競技中の糖質補給がうまくいくと筋グリコーゲンの枯渇を防ぎ，試合やレース後半の競技力の低下を最小限に抑えられる[10]。**発汗量と水分補給量**によっては食塩をはじめとしたミネラル類の補給が必要となるため，市販のスポーツドリンクも適宜利用するとよい。競技中という特殊な状況での摂取となるため，気象条件や発汗量，選手の様子を十分にチェックしながら実施する。

　　発汗量
　　水分補給量

（4）試 合 後

試合直後は競技中の発汗で脱水状態に陥っていることがあり，まず早めに水分補給を行う。さらに次の試合やトレーニングまでに，筋グリコーゲン量を回復させる目的で糖質を計画的に摂取する。前述のアスリートのための糖質摂取に関する最新のガイドライン（表7-9，p.112）によれば，次の試合など運動までの間隔が特に4時間以内の場合は試合後できるだけ早く糖質摂取を始め，**糖質摂取量**を満たすために必要に応じて補食を利用する。また回復の時間が24時間程度と長い場合は，個々のアスリートに合わせて糖質が多めの食品や食事を快適に摂取できるように考える。試合直後（0〜4時間まで）の糖質摂取は体重1kgあたり1〜1.2g程度を1時間あたり数回に分けて行う。体重が60kgであれば糖質が60〜70g程度となる。それ以外の糖質はその後の食事で摂取する。またきわめて高い運動強度の試合やレースを行い，翌日にも試合やレースが予定されている場合，筋グリコーゲン量を元のレベルまで回復させるには24時間以内に体重1kgあたり10g以上の糖質摂取を必要とするケースもある。仮に体重60kgの選手であれば600g以上の糖質とな

　　糖質摂取量

り，糖質からのエネルギーは2,400 kcal 以上にも及ぶ。また翌日に試合がなくても早めに筋グリコーゲン量を回復させることは試合後の体のダメージを防ぐことにもつながる。また持久系スポーツの長時間にわたる競技の後では，多くの場合，競技中の水分補給で糖質の入ったスポーツドリンクを摂取しているために糖質の入ったドリンク類より塩味のスープ類を好む場合がある。このような場合，水分摂取において食塩の摂取が不足していたことも考えられる。まずは水分補給を第一に考え，好みに合わせて飲みやすいものを中心に摂取するなど臨機応変に対応する。さらに自分で飲料が飲めない場合は早めに医師に対応を依頼する必要がある。

(5) 試合間（1日2試合）

　球技系スポーツをはじめ各種競技では1日に2試合以上を戦わなければならない場合がある。特に日程が過密な大会になると，トーナメントを勝ち上がるごとに試合の間隔が狭くなることがあり，選手に疲労が蓄積しやすい。このような場合は次の試合までにグリコーゲンの回復時間を確保するために1試合目の終了後直ちに，水分を早めに補給し，筋グリコーゲン量の回復を促すために糖質，ビタミンなどの栄養素が摂取できるように食事計画を立てる。この場合，食事の形態にこだわらずに，たとえば「おにぎりやカステラとオレンジジュース」といった補食を試合直後にとり入れ，糖質，ビタミン，水分を効率よく摂取できるような無理のない食事計画を立てることが必要になる。

3 遠征時における栄養管理

(1) 遠征時の食事計画

　スポーツ選手の強化合宿は，トレーニングの効果を最大限に発揮できるようにするために日常生活から離れて実施されることが多い。目的に応じて宿泊場所を決定するが，できるだけ選手側の要望を受け入れてくれる施設を選ぶとよい。食事ではトレーニングの目的を果たせるように，

事前に施設側と打ち合わせをすることが大切である。競技によっては合宿する地域が限られ，宿泊場所が制約されるが，できるだけ公認スポーツ栄養士や管理栄養士などに相談して現地の情報収集も含めて食事計画を作成する。遠征先での食事計画をつくる場合の注意点を表7-11に示す。遠征時の食事計画の作成では現地であわてないためにも十分な調査と準備を行う必要がある。

● 表7-11 ● 遠征先での食事計画を作る場合の注意点

遠征合宿の場合
① 食事の時間は試合やトレーニングスケジュールに合わせ柔軟に対応する。
② 基本的には1日3食とし，練習やトレーニングのスケジュールに合わせて補食をプラスする。
③ 厳しいトレーニングでは疲労が蓄積しやすいので，消費した筋グリコーゲン量を十分に回復させるなど疲労回復が大切である。
④ 試合前の調整を目的とした合宿では，運動量が減少する傾向があるため，消費エネルギーに合わせてエネルギー摂取を減らすなどの調整が必要となる。

遠征試合の場合
① 遠征試合の場合，試合前の最終調整にあたるため，食事では選手に合わせた細かな配慮が必要となる。
② 体調管理のためのビタミン，ミネラルの摂取と筋グリコーゲン量の蓄積のための糖質摂取が重要事項である。基本的には試合期の食事調整の項で書いた内容を実践する。
③ 試合当日の食事時間は試合時間に制約される場合が多いため，宿泊施設と事前の調整が重要である。食事内容も，事前に献立を入手して検討する。
④ 宿泊施設での食事の提供が無理な場合には自炊施設，あるいは周辺の外食施設やコンビニエンスストアやスーパーなど弁当や惣菜を入手できる店の調査をしておく。果物や一部の野菜などは持参で対応する。

（2）宿泊先での食事内容の調整

　食事内容は，主食，主菜，副菜をバランスよくそろえ，乳製品や果物をプラスしてビタミンやミネラルが十分に摂取できるアスリートの食事の基本形に沿った内容にする。スポーツ選手用にメニューが提供できる施設はよいが，刺身や焼き魚，天ぷら，ステーキなどが一度に並ぶ宴会メニューのような場合もみられる。この内容はごちそうにみえるが，スポーツ選手にとっては主菜の食べ過ぎになり，糖質の摂取不足になりやすい。また，筋グリコーゲン量の回復が十分にできないなどコンディション管理に問題が生じる可能性があれば，変更が必要となる。食事内容は事前に施設側にメニュー提示を依頼し，スポーツ選手に適した内容に調整しておく。

　さらに，ホテルや旅館での食事は野菜が不足しがちであり，その野菜

もサラダなど生野菜として出される場合が多い。生野菜では，水分量が多く，十分な量を摂取しにくいため，できるだけおひたしや野菜の煮物，具だくさんの汁物などを依頼し，野菜を十分に摂取できる配慮を行う。また，フライや唐揚げといった揚げ物が多すぎる場合には，煮る，焼く，蒸すなどの調理法に変更を依頼し，油の使用量は抑える。さらに，地域によってはめずらしい食材や海の幸（夏場では刺身）などが出されるが，食べ慣れないものや生ものは下痢や食中毒など体調を崩す原因になりやすいので避けるべきである。調味料も低脂肪のものやノンオイルドレッシングを提供してもらうか，持参するなど，できる限り調整を行う。食物アレルギーなどをもつ者がいる場合は，個別に配慮しなければならない。

　最近の食事の提供方法では，ホテルなどの朝食を中心にビュッフェ形

● 表7-12 ● 国内遠征に向けたチェック事項

環境について
（　）　トレーニング環境（施設・設備）と移動手段（交通事情）
（　）　自然環境（天候・気温・季節など）
（　）　生活環境（病院・診療所・薬局・銀行・郵便局など）
（　）　日用品の購入場所（スーパーマーケット，コンビニエンスストアなど）
宿泊施設について
（　）　費用（1泊あたり何食で料金はいくらか？）
（　）　部屋（1室の利用人数と部屋数の確保）
（　）　洗濯・入浴設備（乾燥機，乾燥場所も合わせて確認）
（　）　食堂（スペース，テーブル・座敷，他の宿泊者との兼ね合い）
（　）　ミーティングルームの有無
（　）　時間の融通（食事，消灯，入館など時間の希望を聞き入れてもらえるか？）
食事について
食事の提供が受けられる場合（客室担当，厨房責任者との打ち合わせ）
（　）　食事時刻（当日のスケジュールで変更が可能か？　個別の対応は？）
（　）　食事形式（定食・ビュッフェ・その他）
（　）　事前に献立の確認・変更が可能か
（　）　食事内容の追加
（　）　持ち込みの可否（食品・飲み物・食材など）
食事を自炊する場合（施設管理者との打ち合わせ）
（　）　厨房設備（コンロ数，オーブン，レンジなど）
（　）　厨房スペース（何人が動けるか）
（　）　食品の保管スペース（冷蔵庫・冷凍庫・乾物の保管先と容量）
（　）　調理器具（炊飯器，鍋，フライパン，包丁，まな板など）
（　）　食器（種類と数）
（　）　食材の購入場所
（　）　利用できる食材・食品（調味料・乾物など）
（　）　ゴミ・残飯の廃棄方法

出典：日本体育協会スポーツ医・科学専門委員会監修，小林修平編著『アスリートのための栄養・食事ガイド［第3版］』第一出版，2014年，p.41を筆者一部改変

式の施設が多くみられる。事前に宿泊期間の献立を入手し，選手に必要な栄養素が摂取可能か検討し，選手には料理の選び方について栄養教育を行う必要がある。

　施設から食事の提供がなく自炊する場合には，チーム内の負担を考えて公認スポーツ栄養士や管理栄養士など調理と栄養管理の両方ができるスタッフを同行させることが望ましい。同行がむずかしい場合には，事前の献立作成および遠征時の調理担当者をはじめとするスタッフとの十分な打ち合わせを栄養士に依頼する。

　以上遠征先での食事に関しての注意点を述べたが，事前の調査や宿泊先と打ち合わせなど十分な準備が重要である。国内遠征に際して事前に準備する点を表7-12（p.119）に示す。具体的な食事内容についての栄養，食事計画については，本章2節（1）「試合前の食事および栄養管理」（p.109）を参考にするとよい。

（3） コンビニエンスストアおよびスーパーなどの上手な利用

　コンビニエンスストアは，いつでも手軽にさまざまな食品を購入できる便利な存在であり，上手に利用すれば必要な栄養素量は十分に確保できる。また，スーパーなどでは家庭料理を意識した惣菜が豊富に販売されている。遠征先や合宿時で調理担当者の対応が十分に望めないときには，このような惣菜の利用も考慮に入れることがある。この場合にも栄養摂取の中心となる朝・昼・夕の3食の食事は，栄養バランスを整えるために，表7-13に示した分類を参考にしながら主食・主菜・副菜をそろえ，乳製品や果物なども必要に応じてプラスするように選ぶ。

　コンビニエンスストアやスーパーの弁当は種類が豊富であるが，主食

● 表7-13 ● コンビニエンスストアで購入できる惣菜や食品の分類

主食系	ごはん，おにぎり，いなりずし，太巻きずし，うどん，そば，冷やし中華，スパゲッティ類，やきそば，パン類（菓子パンは除く），シリアル，レトルトごはんなど
主菜系	卵（ゆで卵），卵焼き，からあげ，おでん，納豆，豆腐，焼き肉，焼き魚，シューマイ，餃子，ハム・ソーセージ，茶碗蒸し，はんぺん，かまぼこ，ちくわ，シーチキンやまぐろの水煮など魚の缶詰
副菜系	野菜サラダ各種，ほうれん草のごま和え，ヒジキの煮付け，おでんのだいこんやこんにゃく，コンブなど，レトルトの野菜入りスープ，おからの煮付け，きんぴらごぼう，白和えなど，乾燥野菜
果物・乳製品系	カットフルーツ，果物まるごとゼリー，果物，100％果汁ジュース，牛乳，ヨーグルト，チーズ類など

と主菜に偏ったメニューが多い。必要な栄養素量を確保するには副菜にあたる野菜を中心とした料理を1〜2品と乳製品，さらに必要に応じて果物をプラスする。また宅配や事前予約など利用する側に便利なシステムがあるので調べておくとよい。また，表7-14に示すような試合前の補食に適しているものをそろえることができる。保存がきくものはあらかじめ準備して持参してもよい。

● 表7-14 ● 試合前の補食に適するもの

間食（運動の1時間前の補食）	試合直前
バナナ，エネルギーゼリー，水ようかん，カステラ，だんご，どらやき，あんぱんなど	あめ，タブレットなど口に含める物（少量に抑える）

最近は栄養成分表示も充実しているので，選手が自分に必要な栄養素量を確保できるように選ぶことも可能である。選択の幅が広いので，菓子類，嗜好飲料，デザート類など選手の嗜好に偏らないように注意する。

4 スポーツにともなう栄養障害

（1） ジュニアアスリートと貧血──鉄欠乏性貧血

貧血とは血液中の赤血球数とヘモグロビン濃度が正常範囲（基準値）を下まわった状態である。ヘモグロビンは酸素を運搬する役割をもつため，不足すると持久力の低下につながる。スポーツ選手にみられる主な貧血を表7-15に示す。特に成長期のジュニアアスリートは成長のために必要な量だけでなくスポーツ活動で鉄の需要が高まることが予想され

貧血

● 表7-15 ● スポーツ選手によくみられる貧血

希釈性貧血	激しい身体活動にともない血液量が増えるために起こる。この状態は真の貧血とは異なり，体全体の赤血球数やヘモグロビン量は減少せず持久力の低下にはつながらないとされている。大量の発汗などによる血液の粘度の上昇を防ぐなど，運動に対する適応現象とされている。
溶血性貧血	スポーツ活動にともない赤血球膜が変化し，壊れやすくなって起こる。マラソンなどでの足底への連続した機械的な衝撃が原因としてあげられる。
鉄欠乏性貧血	赤血球は約120日の寿命で毎日全体の約1％が新しくつくられ，赤血球には鉄をもつヘモグロビンが含まれている。発汗や消化管からの出血，成人女性では月経血による鉄の損失があるが，これら体内からの鉄の損失を補い，赤血球をつくるための材料（鉄やタンパク質など）が食事から十分に摂取できないことなどが原因である。

る。一般には女性アスリートの貧血が問題になりやすいが，成長期では男子ジュニアアスリートでも貧血がみられ，潜在的な鉄欠乏性貧血は男子ジュニアアスリートにおいて15％にもおよぶ。激しい運動が原因としてあげられている[11]。

1　鉄の役割と栄養状態の指標

スポーツ活動において，鉄は体内での酸素運搬という重要な役割をもつ栄養素である。しかし，大量の発汗などで鉄が失われ，さらに減量などで不適切な食事になると鉄不足の状態を引き起こしやすい。鉄の栄養状態の指標としては**赤血球数**，**血中ヘモグロビン濃度**，**ヘマトクリット値**などがある。貧血になりつつある場合には**血清鉄**，**トランスフェリン濃度**（総鉄結合能），**血清フェリチン**などに変化がみられるので，早めに発見できれば，貧血予防のための対応が可能となる。

> 赤血球数
> 血中ヘモグロビン濃度
> ヘマトクリット値
> 血清鉄
> トランスフェリン濃度
> 血清フェリチン

2　鉄欠乏性貧血の予防

鉄は，近年の国民健康・栄養調査において摂取不足の傾向がある。日本人の鉄の推奨量と耐容上限量を巻末表（巻末・表6-6，p.165）に示す。

スポーツ選手では激しいトレーニングで鉄の損失が多いため，少なくとも推奨量を摂取できる食事をとるべきである[5]。

食事として摂取した鉄が消化管から吸収される場合，吸収率は食物や体内での鉄の必要状態により異なる。植物性食品中の鉄（**非ヘム鉄**）は，動物性食品中の鉄（**ヘム鉄**）と比較して吸収率が低い。日本人の食事では植物性食品からの摂取が比較的多いといわれており，吸収率は低めの15％程度と考えられている[12]。貧血予防の食事の注意点を表7-16に示す。

> 非ヘム鉄
> ヘム鉄

● 表7-16 ● 貧血予防のための食事の注意点

①　1日3食（以上），主食，主菜，副菜をバランスよくそろえた食事をするという食生活の基本を徹底する。
②　鉄が十分に摂取できる食品を使う。
③　鉄の吸収率をよくするために，ヘム鉄を含む動物性の食品を使った主菜的な料理を献立に入れる。
④　鉄吸収を阻害する成分は，お茶やコーヒーに含まれるカテキンなどのポリフェノール，食物繊維，穀物に含まれるフィチン酸，カルシウムなどがある。通常の食事では鉄の吸収を阻害するほどの量を摂取することはないが，サプリメントの使用や，嗜好飲料として大量に飲む場合は注意する。

（2） Relative Energy Deficiency in Sports（REDs）

　一般的には日常生活の中で身体活動量を高めることは健康の維持，増進のためには必要なことである。しかし過度な減量や競技生活のストレスのために健康状態を害してしまう女性スポーツ選手がいる。**Female Athlete Triad** は，1992（平成4）年のアメリカスポーツ医学会における女性問題プロジェクトチームによるカンファレンスで重点課題であった。この triad（**三主徴**）は，①**摂食障害**，②**月経障害**（**続発性無月経**），③**骨障害**（骨密度の低下，骨粗しょう症）である。その後，1997（平成9）年にはアメリカスポーツ医学会により Position Stand が示された[13]。そのなかで示された一部を抜粋すると，以下のとおりである。

> - Female Athlete Triad は摂食障害，無月経，骨粗しょう症からなり，これらの三主徴は相互に関連している。これはエリート選手だけでなく，幅広い身体活動量の範囲に属する活動量の多い女性にも起こる。
> - これらの疾患に至った基礎には，現実的ではない低体重や，それを維持する体重管理への自発的あるいは外部からのプレッシャーがある。
> - この三主徴は，否定されたり，認識されなかったり，報告されなかったりするので，スポーツ医学の専門家はこの三主徴の相互関係にある病因やさまざまな徴候に注意を払うべきである。三主徴のいずれか1つでも抱えた女性たちは周囲に正しく認識され，診断され，治療されるか，あるいは専門医に紹介されるべきである。

　その後，Female Athletes Triad は女性アスリートに広くみられる健康問題だと周知されるようになり，2007（平成19）年のアメリカスポーツ医学会の定義では，無月経および骨障害とともに摂食障害に限らずスポーツ活動により増加したエネルギー消費にエネルギー摂取が見合わない相対的なエネルギー不足（低エネルギーアベイラビリティー）を三主徴の原因として変更している[14]。この**エネルギーアベイラビリティー**（energy availability）は栄養状態を表す指標であり，エネルギー摂取量からトレーニングなどのスポーツ活動によるエネルギー消費量を引いた値である。その後，国際オリンピック委員会では，この相対的なエネルギー不足によって引き起こされるスポーツ活動における健康問題を

Female Athlete Triad

三主徴
摂食障害
月経障害
続発性無月経
骨障害

エネルギーアベイラビリティー

Relative Energy Deficiency in Sports（REDs）として周知した。女性アスリートにみられる摂食障害や月経異常，骨障害の三主徴にとどまらず，免疫機能やタンパク質の合成，心血管系および心理的な不調にもおよび，男性アスリートにもみられる症状であるとして報告している[15]。

（3）摂食障害

摂食障害は，著しい食事量の減少や食行動の異常をともなう神経性食欲不振症（aneroxia nervosa）と過食や自己誘発嘔吐を主な症状とする神経性過食症（bulimia nervosa）の2つに大きく分けられる[16]。

女子スポーツ選手では，コーチからの指示のほか，自発的に減量に取り組んでいる場合があるが，減量方法が不適切な場合があり，結果として摂食障害に陥るケースがみられる。摂食障害の原因は個人の心理的な問題だけでなく，コーチやチーム内の人間関係のストレス，家庭や社会

● 表7-17 ●　EAT-26（摂食障害のチェックリスト）

1	体重が増え過ぎるのではないかと心配になります。
2	空腹の時でも食べるのを避けます。
3	食べ物のことで頭がいっぱいです。
4	食べるのを止められないと思いながら，大食してしまいます。
5	食べ物を小さく切り刻みます。
6	自分が食べているもののカロリーに気を配ります。
7	炭水化物が多い食べ物（パン，じゃがいも，ごはんなど）は特に避けます。
8	他の人は私がもっと食べるように望んでいると思います。
9	食後に吐きます。
10	食べた後に罪悪感を感じます。
11	もっとやせたいという気持ちで頭がいっぱいです。
12	運動すればカロリーを使い果たすと思います。
13	私はやせ過ぎているとみんなから思われています。
14	自分のからだに脂肪がついているという考えで頭がいっぱいです。
15	他の人よりも食事に時間がかかります。
16	砂糖の入った食べ物を避けます。
17	ダイエット食（美容食）を食べています。
18	自分の人生は食べ物に振り回されていると思います。
19	食べ物に関してセルフ・コントロール（自己制御）しています。
20	他の人が私に食べるように圧力をかけていると感じます。
21	食べ物に関して時間をかけ過ぎたり，考え過ぎたりします。
22	甘い食べ物を食べた後に，不愉快な気持ちになります。
23	ダイエット（食事制限）に励んでいます。
24	胃の中が空っぽになる感覚が好きです。
25	栄養価の高いものが新しく出ても，試食したくありません。
26	食後に吐きたいという衝動にかられます。

資料：Garner, D. M. *et al*., The eating attitude test: The psychometric feature and clinical correlates, *Psychological Medicine*, 12, 1982, pp. 871-872

的な要因も複雑にかかわっている[16]。女子スポーツ選手の中でも体重が少ないほうが有利な陸上長距離の選手や新体操や体操競技など芸術的要素が高い競技の選手の多くは，摂食障害に陥る危険性が高い。減量が困難な場合には嘔吐や利尿剤，下剤の使用など不健康な手段をとる場合もみられる。不適切な減量方法や食事内容のために低栄養の状態になりやすい。また，過食と嘔吐を隠れて繰り返しているような場合は発見が遅れるケースが多く注意が必要である。

表7-17（p.124）は摂食障害のスクリーニングテストとして広く用いられているものである。

「体重を減らす」という言葉は指導者の側からは軽く指示しやすい。しかし，女子選手のなかにはその指示を忠実に守り，困難な減量を実施した結果，選手生命が絶たれてしまう場合さえある。さらに通常の生活に復帰し，健康な状態を取り戻すだけでも長い時間を要することもある。スポーツ選手を取り巻くコーチや家族は摂食障害についての正しい知識をもち，安易に減量を強制しないように注意をすべきである。もし症状が疑われる場合には，早めに婦人科や精神科など専門の医師に相談することが大切である。

(4) 無月経（運動性無月経）

低年齢より開始されるトレーニングによる月経の始まりの遅れや日常的な激しいトレーニングにより引き起こされる**続発性無月経**などの月経周期異常は**運動性無月経**と総称される。原因として精神的・身体的ストレス，体重（体脂肪）の減少およびホルモン環境の変化が相互に関与することが考えられている[17]。**月経異常**の出現率は陸上長距離，器械体操，新体操，フィギュアスケートなどの競技者では高く，水泳やアーチェリーなどでは低いなど，競技種目によって差がみられる。栄養面では絶食や極端な食事制限による低体脂肪，低栄養の状態は運動性無月経の原因と考えられている。エネルギーアベイラビリティーが除脂肪体重1kgあたり30kcal未満になると月経異常や健康状態を害する可能性がある[14]。しかし，重量級競技者でも月経異常は発生頻度が高いことから，低体脂肪や低栄養だけでは説明できないといわれている[17]。

> 続発性無月経
> 運動性無月経
>
> 月経異常

(5) 骨粗しょう症と疲労骨折

適度な運動は骨づくりにおいて必要な因子であるが，過度なトレーニングが続くと**骨塩量**が減少することが知られている。骨塩量の減少は**疲労骨折**の原因である。女子のスポーツ選手では長距離ランナーや体操選手などで疲労骨折が比較的多く発生している。この疲労骨折の原因はカルシウムなどの栄養素の不足だけにとどまらず，不適切な食事や過度なトレーニングの結果として起こる体重や体脂肪の過度な減少，月経異常も含めたホルモンバランスの乱れなどが複雑にかかわっている。月経周期異常に陥っている女子選手では更年期や閉経後の女性のホルモンバランスに近い状態になり，その結果として骨塩量が減少し，疲労骨折を起こしている例もみられる[18]。女性ホルモンは**骨吸収**（本章，p.107）を防ぐ因子である[19]。

女性の骨塩量は女性ホルモンが活発に分泌される思春期のころに増加のスピードが上昇する。18歳ごろに生涯の最大骨塩量に達し，このレベルを30歳ごろまで維持するのが通常のパターンである。しかし競技スポーツのために月経が始まる前から過度のトレーニングを行った選手の中には，初経年齢（月経が始まる年齢）の遅れや，稀発月経（月経周期が39～89日），無月経（月経周期が90日以上）が長期に続くなど，骨塩量が十分に増加しない場合がみられる。疲労骨折を起こしやすい長距離走や体操競技の女子選手は，将来の骨粗しょう症を予防するためにも健康管理の一環として骨塩量の測定を定期的に行うなどの対策が必要である。

(6) タンパク質の過剰摂取

タンパク質は，タンパク質が1gあたり4kcalと糖質と同様のエネルギーをもつ。そのため，過剰摂取すると体脂肪の蓄積につながることがあり，さらに体内の過剰なタンパク質代謝のために肝臓や腎臓に障害を起こす可能性がある。また，タンパク質の過剰摂取は腎臓でのカルシウムの再吸収を阻害し，尿中へのカルシウム排泄量を増加させる。そのためプロテインやアミノ酸のサプリメントを安易に摂取せず，食物から摂取するよう心がける。日本人の食事摂取基準ではタンパク質の過剰摂取による健康障害の明確な根拠が十分ではないため，耐容上限量は設定さ

● 表7-18 ● アスリートの食事の基本形の各料理区分に用いる食材から摂取できるタンパク質とエネルギーの例

【70 kgの筋力トレーニングを行っているスポーツ選手の場合】
……約120 gのタンパク質（体重1 kgあたり1.7 gとして）

	エネルギー（kcal）	タンパク質（g）
主菜		
卵MSサイズ1個	76	6.2
鶏ささみ3本150 g	158	34.5
鮭1切れ80 g	106	15.6
木綿豆腐1丁300 g	216	19.8
乳製品		
普通牛乳200 ml×2杯	268	13.2
ヨーグルト（プレーン・無糖）200 g	124	7.2
主食		
ごはん（茶わん4杯）600 g	1008	15.0
食パン（6切りで2枚）120 g	317	11.2
合計	2272	122.7

左の表の食材のメニューへの展開例

朝食　食パン6枚切2枚
　　　ほうれん草と卵（1個）のスープ
　　　トマトときゅうり豆腐（1/2丁）の中華風サラダ
　　　ヨーグルト80 g
　　　オレンジ100％ジュース
間食　牛乳200 ml
昼食　ごはん300 g
　　　鶏ささみ（3本）の葛うち風（＋付け合わせ野菜）
　　　みそ汁（豆腐1/4丁とわかめ）
　　　キウイとヨーグルト（50 g）
間食　牛乳200 mlとバナナ
夕食　ごはん300 g
　　　鮭（1切れ80 g）のムニエル（＋付け合わせ野菜）
　　　野菜の白和え（豆腐1/4丁）
　　　ヨーグルト（70 g）
　　　果物

れていない[3]。日本人の食生活を考慮すると，アスリートであってもタンパク質摂取は2.0 g/体重 kg/日程度にとどめるのが適当とされている[20]。表7-18は筋力系トレーニングを行っているスポーツ選手の食事例である。体重70 kgの筋力トレーニングを行っているスポーツ選手の場合，約120 gのタンパク質を摂取することになるが，サプリメントに頼らず食事から摂取することが十分に可能である。

（7）食物依存性運動誘発アナフィラキシー

運動誘発性アナフィラキシーのうち，ある特定の食物摂取後のみに症状が現れるものを**食物依存性運動誘発アナフィラキシー**（Food dependent exercise induced anaphylaxis: FEIAn）という。食物摂取単独や運動負荷単独では症状が現れず，ある特定の食物摂取後2時間以内の運動負荷時に全身のじんましん，顔面腫脹などの血管性浮腫，呼吸困難，血圧低下，意識障害などのアナフィラキシー症状が誘発される[21]。今までの調査では発生頻度0.1％以下であり，あまり知られていなかったが，学校給食による死亡例も出ていることからジュニアのスポーツ活動にかかわるスタッフだけでなく，学校教育現場においても周知しなければならない[22]。初回発作時には原因を特定しにくく，この発作を何度も繰り返しながら

食物依存性運動誘発アナフィラキシー

この疾患であると診断されていない例もある。学童期から10歳代の発症例が比較的多く，この疾患に対する学校現場での取り組みのガイドラインが作成されているので，スポーツ指導の現場においても正しい知識を持ち，適切に対処しなければならない[23]。

5 スポーツ栄養マネジメント

(1) 対象者と目的

スポーツ栄養マネジメントとは**身体活動量**が増えた人に対し栄養補給，食生活など食にかかわるすべてについてマネジメントすることをいうが[24]，対象者はエリートのスポーツ選手に限らず，体育の授業を受けている小・中・高校生，健康づくりやメタボリックシンドロームの予防や改善のために運動を行っている一般の人など，身体活動量が増えた人すべてである。目的は大きく2つに分かれる。1つは身体活動量が増えた状態で健康を維持することである。たとえば疾病の予防や改善を含んだ健康管理の目的で，競技選手であれば貧血など健康を害した際の改善を目的とする。もう1つは競技力向上のために，食事を含めた栄養状態を改善することである。たとえば，体脂肪量を減らして骨格筋量を増やすなど競技に有利となるよう身体組成を変化させる場合などがある。

スポーツ栄養マネジメント
身体活動量

(2) 栄養サポートとは

栄養サポートとは特に選手に対して行うスポーツ栄養マネジメントのことをいう[24]。選手が毎日のトレーニングを効果的に行うためには健康管理が必要である。そのためによい栄養状態を保つことが求められ，食生活を自己管理するための知識と実践できる能力を身につけなければならない。また，競技力の向上のために，競技に有利な身体組成にし，試合前後や競技中などの状況に応じた適切な食事のとり方や水分補給の知識を身につけ，自己管理できる能力を修得させる。選手といってもトップ選手からジュニアや初心者まで幅が広いため，対象者に合わせたマネジメントが必要となる。また栄養サポートでは，選手が現役を引退した

栄養サポート

後の健康管理のために，食事をどのように修正していくべきかなども身につけさせる必要がある。

(3) スポーツ栄養マネジメントの流れ

スポーツ栄養マネジメントの流れを図7-14に示した。最初にマネジメントの目的をはっきりさせる。疾病やケガの予防など目的によってチームの選手全員をスクリーニングする場合もあれば，貧血や減量など該当の選手だけをスクリーニングする場合もある。次の段階から個人サポートに入り，表7-19（p.130）に示した進め方に合わせて行う。個人サポートの最終段階で個人評価を行うが，目標を達成できた選手は個人サポートを終了する。達成できなかった場合は，必要に応じて前の段階に戻る。個人サポートがすべて終了した後，まとめてマネジメント全体の評価を行う。

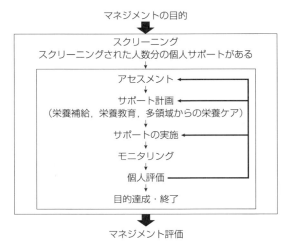

● 図7-14 ● スポーツ栄養マネジメントの流れ

(4) 栄養サポートの実施例——大学柔道部女子の場合

対象のチームでは試合前の減量に苦労している選手が多かったことから，目的は年間を通じての体重管理とし，さらに中期・短期の目標を設定した。試合3ヵ月前に開始し，まずスクリーニングを行い，10名を対象者とした。次にアセスメントとして個別に3日間の食事調査を行い，その後，個人面接において分析のために記録内容の確認と聞き取り調査および身長，体重，インピーダンス法と皮下脂肪厚測定による体脂肪率の測定を行った。このアセスメント結果を受け，栄養教育として食事調査および形態計測や体脂肪率など身体組成の結果説明は個人指導で行った。また，食事や栄養の基本的な知識の教育や体脂肪率測定などの身体組成についての教育は集団で実施した。その後，トレーニング期の1ヵ月後および試合1ヵ月前の減量期の開始時，さらに調整期に入る試合の2週間前と，試合直前にも体重および体脂肪率の測定を実施し，モニタリングを行った。結果はその都度（測定後）すぐに返却して個人指導を実施した。最初の調査から試合前の減量期で多くの選手が極端な食事制

● 表7-19 ●　スポーツ栄養ケアマネジメントの進め方

目的の明確化		競技力向上，ケガや疾病の予防，減量，貧血予防など
対象者のスクリーニング		目的に応じてチーム全体か，リスク者のみかなど
個人サポートが中心	アセスメント	① 身体状況……身長，体重，体脂肪率，周囲径，骨密度などの形態計測や身体組成の測定 　　　　　　　血液検査，尿検査，最大酸素摂取量などの生理学的指標の把握 　　　　　　　自覚症状，現在の健康状態，既往歴，故障の有無の聞き取りなど ② 身体活動量調査……生活時間調査や心拍数法など ③ 食生活の状況……食事調査，アンケートなど，選手の協力具合や調査分析にかかわる人的パワーにより適した方法を用いて，選手の食生活状況をより正確に把握するために行う ④ 意識や知識の状況……選手が栄養管理の必要性を認識しているか，栄養に関する知識レベル，現在の食事や食生活に対しての満足度，食生活を取り巻く環境などをアンケートや聞き取りで実施
	サポート計画	栄養補給 　アセスメントの結果から対象者別にエビデンスに基づき計画される。スポーツ選手の身体活動量の把握は困難なことが多い。そのため計画された栄養補給が適当であるかは体重の増減や体調から，必要に応じて修正する。この場合，選手みずからが積極的にかかわる必要がある。 栄養教育 ・対象者に合わせて実施する必要がある。大学生選手であれば競技成績の目標や目指す将来像に個人差が大きいため，栄養教育を計画する前に確認しておく必要がある。またジュニア選手の場合は競技力の向上の前提として発育・発達が順調に達成されるための栄養計画が必要となり，基本的な食事の選択なども組み込まれることになる。 ・アセスメント内容のフィードバックを選手やスタッフに対して行う。選手自身もアセスメント内容を理解することで，サポートの意味を理解するきっかけとなる。 ・選手の自己管理のためにも，アセスメント内容の理解のためにも，栄養学の基礎的な知識を持たせる。 ・競技力向上のために対象者に応じて計画される。筋肉量の増加や体脂肪の減量など体づくりのための食事や試合前や試合当日，試合後など期分けによる食事の違い，水分補給法やサプリメントの利用，貧血予防などがある。 スタッフとの連携 　監督，指導者，トレーナー（ストレングス，ケア，メンタル），医師，調理担当者，保護者などと連携して実施する計画を立てる。
モニタリング		目的に合わせて計画的にアセスメントと同様の項目と測定条件（12時間前から運動しないで測定など）で実施する。
個人評価		個人サポートの結果から行う。目的を達成しサポートを終了するものや目的が達成されずにサポート計画や，場合によってはアセスメント内容から見直しが必要な場合も出てくる。
マネジメント評価		個人サポートをまとめて集団としての評価，マネジメントの構造や経過，目的の達成状況などさまざまな角度から評価する。

限と試合前数日の水分制限による減量を行っている状況が明らかとなった。

　また大半が自炊を行っていたが，夕食は菓子類ですませたり，減量期には主食を抜き，海藻サラダとウーロン茶だけといった食事内容もあった。このような問題点から，栄養バランスを整えるための基本的な食事のとり方と減量の正しい知識について集団指導と個別指導をくり返し行い，知識を得るだけでなく，実践にも生かせるような実習なども取り入れた。また，ウエイトコントロールで苦労していた選手のなかには，食事内容では問題がないが，体脂肪率測定結果などから出場する階級を再

検討すべきであることが明らかになった例が見つかった。これらの場合，監督と情報を共有しながらこれらの選手について出場階級の検討を行った。

しかし，階級を体重の重いクラスに変更することはかなりの決断を要した選手もいた。当面の試合では計量にパスして従来どおりの階級に出場したが，満足のいく成績を収められなかった。この事例より，トレーニング期からの体づくりを含めたウエイトコントロールと階級決定を含むトレーニング計画の重要性を痛感した。逆に体脂肪率が高かった選手では，試合の約3ヵ月前から間食を減らして栄養バランスのよい食事にし，体脂肪量を減らすトレーニングを行うことで出場階級を軽い階級に変更できる選手も出てきたことから，トレーニング期から栄養管理と減量の取り組みなど体づくりが大切であると実感した。選手ごとの個人サポートの評価のまとめからみると，チーム全体としては定期的な身体組成の評価により体重・体脂肪管理の重要性を以前より認識し，試合後も大きなリバウンドがなく推移していた。これよりマネジメント全体としても一定の成果をあげられたと考えている。

6 ジュニアアスリートのウエイトコントロール

日ごろからの体重管理は，選手に限らず一般の人々においても健康管理のうえで重要である。しかし，成長期の子どもたちにとっては成長にともなう体重増加を考慮して体重管理を行う必要がある。さらに，成長にともなう増加の範囲を著しく超えての体重増加や，日常の体重管理の範囲を超えての減量を実施する場合には，その目的を明らかにして，**ウエイトコントロール**の必要性について十分に検討すべきである。

> ウエイトコントロール

(1) ジュニアアスリートにおけるウエイトコントロールの現状

体重や身体組成を変えることは選手自身にとって大きな負担である。特に成長期の子どもたちにおいては日常の体重管理における変動幅を超えるウエイトコントロールは，選手生命だけでなく，将来にわたっての健康を損なう可能性も考えられる。しかしながら，現状では柔道やレス

リング，ボクシングといった体重階級制競技を中心に試合前の短期間での減量や水分調節による減量が行われているケースがみられる[25]。この場合，極端な水分制限や食事制限を行うことが多く，計量後の水分や食事摂取では十分に体調が回復せず，体調不良のまま試合に臨むケースもみられる（図7-15）[26]。極端な水分制限や発汗を行うことにより，血液の粘度が高まり，体温上昇するなど

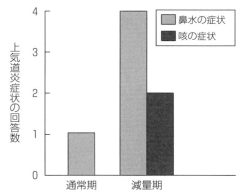

● 図7-15 ● 急速減量時の風邪症状の回答者の増加（全日本レスリング選手権上位入賞者6名による）

出典：清水和宏・相澤勝治ほか「唾液中SIgAを用いた全日本トップレスリング選手の急速減量時のコンディション評価」『日本臨床スポーツ医学会誌』15（3），2007年，pp.441-447

心臓や内臓への負担が増し，健康上の問題が生じることも考えられる。さらに心理的にもコンディションを崩すことがある[27]。試合前の短期間での無理な調整は避け，トレーニング期からの十分な取り組みが大切である。

（2）ウエイトコントロールのための身体組成の評価

　ウエイトコントロールを行う際に，対象選手の身体組成を十分に検討する必要がある。子どもの身体組成の評価では，測定法や推定式が対象者に適用できるかも十分に検討することが必要である。測定法についてはスポーツ指導現場で用いることが可能な簡便な方法から研究室レベルの高価で精度が高い方法まで複数あり（第6章，p.83），それぞれのケースで使用目的や測定にあたっての制約を考慮して最適な測定方法を選ぶことになる。評価としては，**脂肪組織**と脂肪以外の組織（**除脂肪体重**：Lean BodyMass **[LBM]**）の2つに分けて考える2コンポーネントモデルを用いるのが一般的である。スポーツ選手のウエイトコントロールは体づくりであり，競技に合った筋肉量や脂肪量（体脂肪率）を目指して，トレーニング期間の中で計画的に行うのが理想的である。表7-20（pp.133〜134）は競技別にスポーツ選手の**体脂肪率**を示したものである。ジュニアアスリートは成長期にあたるため，エリート選手の身体組成値が適するとは限らない。体脂肪率の数値だけにとらわれることなく，これまでの各種身体組成の測定値のモニタリングを継続し，実際の競技パ

脂肪組織
除脂肪体重［LBM］

体脂肪率

● 表 7-20 ● エリート競技者の身体組成

種目	分類単位	男子					女子				
		人数	身長	体重	体脂肪率	除脂肪体重	人数	身長	体重	体脂肪率	除脂肪体重
陸上	短距離	45	174.9±3.7	67.5±4.5	6.2±2.5	63.3±4.5	15	162.1±5.1	53.1±4.2	10.9±2.2	47.2±3.2
	中・長距離・マラソン	70	172.2±6.0	58.6±5.3	7.9±2.7	53.9±5.3	34	158.7±4.3	44.9±3.5	10.6±3.2	40.1±3.3
	競歩	8	173.4±7.6	61.2±3.9	8.3±2.5	56.1±3.5	6	159.9±5.4	46.9±3.4	15.3±2.9	39.7±3.3
	ハードル	14	181.4±4.7	73.4±4.2	7.5±2.5	67.9±4.4	5	166.7±4.4	56.8±6.4	10.9±4.5	50.4±4.1
	投擲	7	183.3±6.1	94.1±12.5	13.6±3.9	81.1±9.5	9	164.6±3.7	73.4±12.3	19.2±7.0	58.8±7.2
	跳躍・混成	32	179.7±5.9	70.4±5.8	5.8±2.6	66.3±5.5	25	168.7±4.8	55.4±3.2	11.9±3.8	48.7±3.4
水泳	競泳	48	177.6±5.3	72.8±6.5	13.5±3.2	63.0±5.5	43	165.9±5.2	58.7±5.3	19.8±3.9	47.1±4.5
	シンクロ						23	162.7±4.4	53.8±3.7	19.9±2.9	42.6±3.2
	飛込	9	168.7±7.3	65.0±6.7	10.6±3.9	57.9±5.0	10	156.3±4.4	49.9±5.5	15.2±3.9	42.2±3.9
	水球	27	181.0±6.0	82.1±8.5	14.9±4.8	69.6±5.7					
サッカー	サッカー	340	178.2±5.2	72.8±5.8	9.4±3.0	65.9±5.2	93	162.5±4.6	55.7±5.2	15.5±4.1	47.0±3.9
スキー	アルペン	42	173.8±5.0	75.7±7.8	12.9±4.3	65.6±5.7	22	161.7±4.0	61.2±6.1	19.4±4.9	49.2±3.8
	クロカン	33	172.3±6.5	66.2±6.5	8.7±2.4	60.4±4.2	21	161.6±4.3	54.4±4.3	16.2±3.4	45.9±4.3
	ジャンプ	37	172.1±4.2	59.5±3.6	9.7±3.5	53.6±3.3	4	157.2±3.1	50.0±2.2	18.0±1.7	41.0±2.1
	コンバインド	30	170.9±4.5	62.6±4.4	9.2±2.4	56.9±4.7					
	モーグル	20	168.7±5.1	64.8±6.5	9.3±4.0	58.6±5.5	11	157.5±5.1	52.7±3.9	15.9±3.6	44.2±3.4
	エアリアル	8	167.7±5.7	65.1±5.6	10.6±4.2	58.0±4.8	2	159.9±1.3	50.9±0.4	16.0±0.6	42.8±0.6
スノーボード	ハーフパイプ	9	167.2±6.6	61.0±6.4	10.2±4.3	54.5±4.3	10	157.6±2.8	52.0±5.5	21.0±3.6	41.0±4.4
	アルペン・クロス	26	172.4±5.6	67.9±8.3	11.4±4.3	60.0±6.3	23	160.0±5.2	54.6±7.0	18.0±4.4	44.7±5.4
テニス	テニス	19	174.6±3.5	68.6±5.9	9.7±3.4	61.8±4.7	24	163.5±5.5	56.0±5.1	17.0±3.0	46.4±3.4
ボート	オープン	3	190.4±2.7	79.8±4.8	12.2±1.0	70.0±3.5	3	170.0±3.3	70.4±2.7	23.4±3.0	53.8±0.3
	軽量級	17	181.3±3.7	71.7±1.8	9.8±2.5	64.6±2.4	12	165.0±2.9	59.7±1.8	16.0±3.1	50.2±1.4
ホッケー	ホッケー	35	175.0±4.5	71.6±6.4	10.0±2.9	64.6±5.3	24	162.0±4.9	57.5±7.2	15.7±4.6	48.3±4.2
ボクシング	軽量級（～ライト60kg級）	31	168.4±4.8	59.6±4.0	11.2±3.2	52.7±3.7					
	中量級（～ミドル75kg級）	8	178.6±3.6	73.1±5.5	8.8±3.3	66.7±4.1					
バレーボール	バレーボール	92	189.5±7.4	82.0±7.4	10.4±2.9	73.4±6.5	83	176.0±6.6	67.2±5.7	17.3±3.4	55.5±4.7
	ビーチバレー	6	172.3±2.9	62.4±5.4	15.4±5.1	52.8±1.7					
体操	体操	27	166.0±4.5	61.9±4.5	4.9±2.6	58.4±4.8	13	149.8±6.2	42.6±6.0	11.0±4.4	37.8±4.5
	新体操						26	162.6±4.3	47.1±4.3	13.4±3.4	40.7±3.3
	トランポリン	5	164.2±5.6	59.8±7.7	11.2±2.6	53.1±6.6	3	160.3±5.3	50.9±4.0	14.9±1.0	43.3±2.9
バスケットボール	バスケットボール	51	192.2±8.8	86.3±11.9	10.6±4.6	76.7±7.6	72	175.8±6.4	67.5±8.4	16.9±4.3	55.8±4.9
スケート	スピードスケート	36	171.0±4.1	70.1±5.3	10.8±3.2	62.4±4.5	43	162.2±5.0	59.1±5.2	17.7±3.8	48.6±4.7
	フィギュアスケート	19	169.4±5.8	60.9±6.4	8.5±4.1	55.7±5.6	17	158.4±3.4	50.2±3.9	14.4±3.7	42.8±2.6
	ショートトラック	23	170.3±5.4	64.4±5.7	8.0±3.0	59.1±4.9	23	157.6±4.0	52.6±4.0	15.8±3.9	44.2±2.8
レスリング	男子軽量級（～60kg級）	14	163.4±3.8	63.8±3.6	8.4±2.9	58.4±3.6					
	男子中量級（～74kg級）	10	172.5±4.1	77.8±3.7	8.0±3.1	71.5±3.7					
	男子重量級（～100kg級超級）	18	178.7±3.6	101.2±14.2	18.8±7.7	81.3±5.1					
	女子軽量級（～55kg級）						12	157.2±4.3	54.3±5.9	13.8±3.9	46.3±4.7
	女子重量級（～72kg級超級）						7	164.3±5.6	68.5±6.6	16.6±5.5	57.0±4.6
セーリング	セーリング	58	174.4±6.7	69.3±8.8	14.6±4.4	58.8±6.5	38	163.1±5.9	57.8±7.0	19.9±4.8	46.2±5.0
ウエイトリフティング	男子軽量級（～62kg級）	7	159.9±4.4	62.2±4.2	6.7±2.5	58.0±3.7					
	男子中量級（～77kg級）	4	167.5±1.2	73.3±2.4	8.7±2.0	66.9±3.2					
	男子重量級（～100kg級超級）	13	173.8±7.0	100.5±16.1	19.3±5.5	80.3±8.6					
	女子軽量級（～53kg級）						6	149.6±4.1	50.5±3.6	10.5±2.7	45.2±2.1
	女子中量級（～63kg級）						5	155.0±5.5	60.3±3.4	19.8±3.4	48.3±3.2
	女子重量級（～75kg級超級）						8	164.7±1.8	83.6±18.8	23.2±6.8	62.9±6.8
ハンドボール	ハンドボール	46	184.6±6.6	84.6±9.0	12.3±5.1	74.1±6.4	29	168.4±7.1	64.9±7.5	16.5±3.9	54.1±4.7
自転車	トラック短距離	35	175.8±5.5	78.7±8.1	13.6±4.5	67.8±6.0	5	164.4±6.2	62.7±7.5	19.8±5.3	50.1±5.8
	トラック中・長距離・ロード	38	173.5±5.8	67.0±8.3	12.6±3.9	58.4±6.6	11	163.9±6.1	54.9±5.5	19.1±3.5	44.3±3.5
	マウンテンバイク	4	170.4±4.3	61.5±4.8	13.9±1.5	53.0±4.9	4	158.8±4.9	49.5±2.9	13.7±0.9	42.8±2.6
ソフトテニス	ソフトテニス	36	172.7±5.0	65.7±6.5	10.4±3.5	58.6±4.8	44	161.5±5.1	57.2±4.9	20.0±4.2	45.3±3.4
卓球	卓球	22	171.4±5.9	66.8±7.3	14.7±4.5	56.8±5.2	24	158.8±5.8	53.5±4.7	18.2±3.0	43.7±4.0
馬術	馬術	20	171.5±7.0	65.4±4.1	17.3±5.4	54.0±2.9	9	161.6±6.4	53.3±7.4	19.6±9.0	42.4±3.8
フェンシング	フェンシング	39	175.8±4.3	69.4±6.0	12.2±4.7	60.4±4.4	36	162.2±4.9	58.1±5.5	19.1±3.8	46.7±3.8
柔道	男子軽量級（～73kg級）	9	165.9±3.6	69.7±5.7	6.3±1.5	65.3±4.9					
	男子中量級（～90kg級）	5	176.3±2.9	87.8±4.3	10.1±2.3	78.9±3.0					
	男子重量級（～100kg級超級）	8	179.6±5.9	118.5±16.0	20.6±7.6	93.2±4.8					
	女子軽量級（～57kg級）						9	153.8±4.6	55.8±5.2	14.9±4.4	47.4±3.6
	女子中量級（～70kg級）						4	163.9±6.1	67.3±2.0	16.0±0.6	56.6±2.1
	女子重量級（～78kg級超級）						8	166.0±4.6	90.5±12.9	26.9±4.9	66.1±6.5
ソフトボール	ソフトボール	6	180.9±2.6	80.4±9.7	14.7±6.7	68.2±5.7	74	163.9±5.8	64.1±8.7	17.8±4.9	52.4±5.1
バドミントン	バドミントン	16	173.8±5.0	67.6±5.6	9.3±2.9	60.9±4.6	17	163.7±4.1	58.3±4.5	17.0±3.9	48.3±3.1
ライフル射撃	ライフル射撃	16	171.3±3.9	68.1±9.0	17.9±6.5	55.5±5.2	14	162.0±3.1	58.7±8.9	26.8±7.0	42.5±2.8

種目	分類単位	男子					女子				
		人数	身長	体重	体脂肪率	除脂肪体重	人数	身長	体重	体脂肪率	除脂肪体重
近代五種・バイアスロン	近代五種	21	174.5±5.6	67.1±4.5	10.5±2.5	59.9±4.8	4	163.1±7.8	56.8±9.1	20.4±4.5	45.0±5.1
	バイアスロン	20	171.5±4.9	66.2±5.1	9.8±2.3	59.4±4.5	13	158.1±4.2	54.8±3.5	17.7±4.3	44.9±2.2
ラグビー	フォワード	67	184.2±7.2	101.6±9.8	16.5±4.6	84.5±7.4					
	バックス	73	176.9±5.6	82.8±8.4	11.6±3.4	73.2±7.1					
山岳	山岳	13	167.0±4.8	56.3±7.7	7.9±4.2	51.8±6.9	9	161.8±2.8	51.0±3.0	17.6±3.3	40.0±6.5
カヌー	カナディアン	6	175.7±3.3	75.8±4.9	10.3±1.6	67.9±4.0	2	165.3±3.7	64.6±4.5	21.3±19.4	50.2±1.7
	カヤック	5	172.2±5.6	71.4±4.8	11.0±3.1	63.6±5.5	8	163.0±4.2	61.1±2.8	18.3±3.1	49.9±2.0
	スラローム カヤック	4	170.1±8.1	65.0±6.1	11.2±1.4	57.8±6.0	2	161.8±8.6	57.7±10.7	21.6±0.9	45.2±7.8
アーチェリー	アーチェリー	14	172.9±5.5	64.4±6.1	14.4±5.7	54.9±3.9	15	165.1±5.2	60.2±8.5	23.7±5.8	45.6±4.0
空手	空手	11	171.3±6.2	71.0±5.0	14.6±6.4	60.5±4.4	12	159.2±5.3	54.3±6.5	16.9±5.1	44.9±4.2
アイスホッケー	アイスホッケー	125	175.8±5.1	77.6±8.0	13.6±4.0	66.9±5.8	35	160.0±4.9	57.2±5.7	20.0±4.0	45.6±3.7
クレー射撃	クレー射撃	6	169.1±3.6	76.9±12.6	24.5±4.3	58.0±8.7	10	162.9±6.5	56.6±7.5	22.8±5.1	43.5±4.5
ボウリング	ボウリング	11	173.0±6.1	76.3±13.4	21.0±8.4	59.4±6.7	13	159.1±5.2	60.0±10.1	27.0±6.5	43.1±4.1
ボブスレー・リュージュ	ボブスレー	14	179.0±5.1	89.2±11.0	14.9±4.8	75.3±7.4	10	161.2±5.9	63.5±8.7	22.5±6.4	48.7±5.7
	リュージュ	8	174.4±6.3	76.2±11.4	15.6±6.1	63.9±7.9	5	159.6±4.9	59.6±6.2	23.2±2.5	45.5±4.6
	スケルトン	12	172.5±5.5	74.8±4.9	13.7±3.8	64.6±5.1	8	157.5±6.3	57.3±6.7	21.8±5.3	44.7±5.4
野球	硬式野球	173	179.2±4.8	81.6±7.7	14.8±4.8	69.3±5.4					
武術太極拳	武術太極拳1	0	166.9±3.4	61.3±4.3	8.3±2.5	56.2±4.0	8	154.4±6.1	49.8±5.7	13.8±7.6	42.8±4.7
カーリング	カーリング	17	171.0±6.1	65.6±9.8	15.1±7.8	55.4±7.5	25	160.2±3.7	53.5±6.2	22.8±5.0	41.0±2.7
トライアスロン	トライアスロン	13	172.4±4.7	62.7±4.0	10.8±2.5	55.9±4.2	17	159.9±4.5	51.9±3.3	15.0±4.0	44.1±3.8
テコンドー	テコンドー	20	175.6±6.4	71.5±11.2	10.6±5.1	63.5±7.8	12	160.5±6.3	54.6±4.6	16.7±4.7	45.1±4.3
ゴルフ	ゴルフ	12	173.5±3.5	69.9±8.1	18.4±3.6	56.9±5.0	10	158.9±3.7	53.7±3.2	24.5±4.0	40.8±3.0
セパタクロー	セパタクロー	11	169.9±5.2	63.0±5.4	11.2±3.3	56.0±5.2	11	161.7±4.9	54.4±5.8	18.8±3.8	43.9±3.4
カバディ	カバディ	15	174.5±6.1	71.2±6.1	12.4±3.4	62.3±5.2					
スカッシュ	スカッシュ	1	—	—	—	—	2	161.1±3.9	54.0±0.1	15.6±4.0	45.5±2.1
ビリヤード	ビリヤード	13	174.0±5.8	70.5±8.9	24.0±4.3	53.5±6.5	2	157.3±0.6	42.4±0.5	17.5±2.1	35.0±1.3
ボディビル	ボディビル	12	166.1±5.4	75.0±7.7	8.8±1.7	68.5±7.8					
チェス	チェス	2	173.3±0.8	66.9±14.5	15.5±13.7	55.5±3.1	1	—	—	—	—
ドラゴンボード	ドラゴンボード	24	173.6±5.4	73.2±9.6	14.3±4.8	62.6±6.9					
ダンス	ダンス	6	172.1±3.6	58.9±4.5	11.9±4.6	51.9±5.1	6	160.1±1.5	49.8±3.0	17.0±2.1	41.4±2.7
全競技		2334	176.2±7.8	73.7±12.2	11.6±5.0	64.8±9.3	1306	163.4±7.5	57.9±9.0	17.6±5.3	47.5±6.5

資料：日本スポーツ振興センター・国立スポーツ科学センター編『国立スポーツ科学センター形態・体力測定データ集2007』，2008年，pp.1-5を改変

フォーマンスや体力テストなど測定値の推移なども含めて多角的に評価を行うことが求められる。さらにスポーツ活動の基礎となる健康状態を維持することも忘れてはならない。**体脂肪**それ自体は多くの運動にとって負荷となるが，生命を営むうえではエネルギーを貯える以外にもホルモンの働きに影響するなど重要な働きをもつ。特に女子選手では，体脂肪の過度な減少のために月経異常など健康を害する例が見受けられるので注意が必要である[17]。除脂肪体重にあたる水分を1kg減らすことは，水分や食事の制限で比較的容易である。しかし体脂肪1kgを減らすには7,000 kcal以上のエネルギーを消費する必要があり，短期間では困難である。体脂肪量の減少は長い期間をかけて十分な管理のもとに取り組むべきであり，脱水による体重減少にまどわされないためにも，減量期間中も水分の補給は十分に行う必要がある。

体脂肪

（3） ジュニアアスリートと減量について

ジュニアアスリートは成長期の段階にあり，減量が必要であるかは慎重に検討すべきである。健康上の理由など特別な場合を除いては，減量を必要としないことが多い。体重階級制競技においても，「減量により競技上有利な立場を獲得すること」が「ジュニアアスリートにおける心身の成長」より優先されるべきかは対象となる選手や保護者，指導者だけでなくスポーツドクターも交えて十分に議論されなくてはならない。対象となるジュニアアスリートの将来を見据えて，成長に悪影響を及ぼしかねない減量は慎むべきであることを選手自身や関係者が十分に認識しなければならない。

（4） 大学生アスリートの減量例

成長期を終えた大学生アスリートでは，競技力の向上やコンディショニング，ケガの予防のために減量を必要とするケースがある。しかしながら，無理な減量をしているアスリートが多いのが現状である。スポーツ選手の減量計画を立てる場合には，目的を明確にして，体脂肪率測定などで身体組成を十分に評価する必要がある。以下に柔道の大学女子選手の例を示す。図7-16の例において，減量前は柔道選手としては体脂肪率が29％と多めであった。目標体重の52kgまでの減量において，体脂肪量のみを減少させた一方で，除脂肪体重を増量できた例である。この場合の減量期間は4ヵ月であり，無理なく取り組むことができた。し

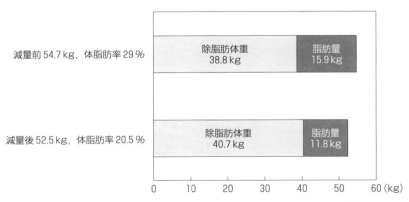

● 図7-16 ● 除脂肪体重を増加させたウエイトコントロール例
大学柔道部女子 52kg級 154cm，54.7kg，体脂肪率29％

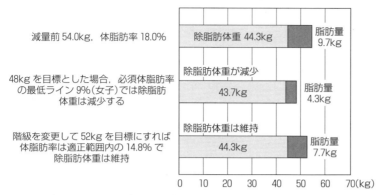

● 図7-17 ● 目標設定に無理のあるウエイトコントロール例
大学柔道部女子48 kg級選手 158 cm，54 kg，体脂肪率18.0%

かし，図7-17の例は目標の48 kgに除脂肪体重44.3 kgを維持しながら到達すると体脂肪率が7.8%となり女子選手としては無理な減量となる。無理に48 kgに減量できたとしても除脂肪体重は減り，悪いコンディションで競技にのぞむことになる。この減量例では出場する階級の変更も検討する必要がある。

(5) ジュニアアスリートと増量について

　成長期にあるジュニアアスリートでは，成長にともなう体重増加だけではなく，トレーニングなどのスポーツ活動の実施により体重増加や筋肉など身体の諸器官の増加が著しいことが考えられる。競技によっては積極的に体重を増やすことを目指す競技もあるが，単に重量の増加だけを目的とすると体重過多による体脂肪量の増加やそれにより引き起こされる生活習慣病の危険など健康面の問題が生じる場合もある[28)29)]。増量を実施する場合においては，減量の際と同様に身体組成の評価とともに，血液検査などの**メディカルチェック**も併用して行うべきである。増量を行う場合の基本としてエネルギーバランスが正となるように，つまりエネルギー摂取量はエネルギー消費量を上回るように食事計画を立てなくてはならない。しかし，ジュニアアスリートのなかには成長期のアスリートとして必要とされる栄養素を満たしていない，またはその努力をしているにもかかわらず，必要とされる量に達することができないケースもみられる。「どれだけ食べればよいのか」の目標値を求めることが困難であるため，少なくとも主要な栄養素では日本人の食事摂取基準

メディカルチェック

で示されている量を上回るようにし，体重のモニタリングとともに身体組成や体調のチェックなども評価しながら食事量の調整を行う必要がある。増量においては，根拠となるデータが不十分であり，さらに日本人のジュニアアスリートの研究はほとんどみあたらない。増量に際しては，個別に十分に管理をしながら柔軟に対応するしかないのが現状である。

(6) 大学生アスリートの増量例

ラグビーやアメリカンフットボールなどの球技系スポーツや陸上の投てき種目，ボート競技などに取り組む大学生アスリートには，ポジションや階級によって積極的に増量を行うケースがみられる。表7-21および表7-22は3ヵ月の増量介入を実施した結果を示している[30]。表7-21は増量中のエネルギーバランスを示しているが，エネルギーバランスは1日あたり約1,000 kcalプラスである。すなわち，約3ヵ月間，1日あたり1,000 kcal分のエネルギー摂取量がエネルギー消費量を上回った食事をとったことになる。表7-22は増量介入前後の身体組成の変化を示しているが，体重増加の内訳では，除脂肪量は統計的に有意に増加を示

●表7-21● 大学生アスリートの増量介入中のエネルギーバランス（kcal/day）

エネルギー摂取量	4243±694
エネルギー消費量	3208±678
エネルギーバランス	+1036±49

平均値±標準偏差
出典：永澤貴昭ほか「競技者の増量に適した食事方法の検討」日本臨床スポーツ学会誌，21 (2)，2011年，pp.422-430

●表7-22● 大学生アスリートにおける増量介入前後の身体組成の変化

		介入前	介入後	変化量
年齢	(歳)	20.0±0.9	—	
身長	(cm)	164.5±10.0	—	
体重	(kg)	60.4±8.0	64.2±8.4**	3.8±1.3
体脂肪率	(%)	14.6±5.3	15.7±7.0	2.2±3.1
体脂肪量	(kg)	8.6±2.5	9.9±3.8	1.2±1.8
LBM	(kg)	51.8±9.1	54.4±9.3**	2.6±1.3

平均値±標準偏差
LBM：除脂肪量
＊＊介入前と比較して有意差あり $p<0.01$
出典：永澤貴昭ほか「競技者の増量に適した食事方法の検討」日本臨床スポーツ学会誌，21 (2)，2011年，p.426

しているが体脂肪量は有意な変化がなかったことを示している。この介入ではエネルギー摂取量がエネルギー消費量を1日あたり1,000 kcal 上回った食事内容であったことに加え，脂質エネルギー比が30％を超えない食事内容であったことが体脂肪量の増加を抑えたことに大きく影響したと考えられている[30]。

(7) 減量および増量のための食事について

減量と増量の食事の大きな違いは**エネルギーバランス**である。減量ではエネルギーバランスは負に，増量では正とすることが原則である。どちらも基本的には脂質は少なめを心がけ，余分な体脂肪量の蓄積につながらないような配慮が必要である。

エネルギーバランス

さらに，減量においては，脂質エネルギー比は一般成人の適正範囲内の20～30％の範囲のできるだけ下限ラインに近い20％前後を目指すことで必要な栄養素量を確保しやすくなる。食事の基本形でのポイントを図7-18に示した。主食は競技に必要な目標の量を摂取する（体重あたりの必要量および食事全体の糖質エネルギー比率として50～60％は確保する）。減量時には主食を極端に減らしがちだが，これでは糖質が不足し，トレーニングで消費する筋グリコーゲン量の補充が十分にできない。運動時のエネルギーでは糖質からのエネルギーが重要であるから，エネルギーの調整は脂質で行う。さらに，ビタミンやミネラルなどは十分に摂取すべきである。さらに，調理や素材選びでは脂質を減らすための工夫が必

乳製品
低・無脂肪タイプに

主菜
油脂を使わない調理法
鶏ささみの酒蒸しなど

副菜
ノンオイルドレッシングや
ぽん酢の利用

主食
適量は食べる

汁物
野菜たっぷり海藻多め

果物
柑橘系など

● 図7-18 ● 減量時における食事の基本形でのポイント

● 表7-23 ● 減量時における食材，調理法，調味料の選択のポイント

エネルギーレベル	食材	調理法	調味料
かなり高め	牛・豚ばら肉，牛・豚ロース肉，牛・豚ひき肉（特に赤身の比率が低いもの），ベーコン，ウインナー	揚げ物 天ぷら フライ	バター マーガリン マヨネーズ 油，脂
高め	鶏ひき肉，鶏手羽，ハム，牛・豚肩肉 まぐろのトロ，ぎんだら，さば，さんま，にしん，ぶり	素揚げ	ドレッシング （油を使ったもの）
中程度	牛・豚ヒレ肉，牛・豚・鶏レバー，牛・豚もも肉，鶏ささみ・鶏むね肉 さけ，あじ，まぐろ赤身，あゆ，いわし，かつお，たい，かれい さつまいも，やまいも，卵	炒める，焼く（油） 煮る （砂糖，しょうゆ）	ソース ケチャップ
低め	たら，あさり，いか，たこ，ほたて じゃがいも，さといも 豆腐，野菜類	生，刺身	ドレッシング （ノンオイル） ぽん酢 しょうゆ
かなり低め	きのこ，海藻，こんにゃく	焼く，ゆでる 蒸す	そのまま食べる

要である。たとえば，牛乳は低脂肪のものに代える，あるいは，サラダにかけるマヨネーズをノンオイルドレッシングやぽん酢などに代えるなどである（表7-23）。エネルギーは抑えても，ビタミンやミネラルが不足しないように注意する。また，菓子類や清涼飲料水などは減量期には控えるべきである。補食は，食事ではとりきれない栄養素を補う場合や，トレーニングや試合のために食事を十分にとれない場合に上手に利用したい。

増量では，エネルギーバランスを正にすることを基本とする。脂質の

乳製品
低・無脂肪タイプに

主菜
できるだけ脂質を
使った素材や調理法は
控えめにする

副菜
マヨネーズやドレッシングは
控える。いも類の煮物なども
プラス

朝・昼・夕の3食で食べ切れなければ，おにぎりや脂質を使わないパンなどで補食

主食
かなり多めの量にする

汁物
いも類も積極的に使う

果物
柑橘系やバナナなど

● 図7-19 ● 増量時における食事の基本形でのポイント

多い食事を過度に摂取するケースが多くみられるが、体脂肪量の増加を抑え、除脂肪量を増加させるには糖質摂取でエネルギー補給を最大にする。ただし、脂質が入ることによって食事量はコンパクトになり、満足感も増す傾向があるので、可能な限り食べやすい脂質は摂取したい。その際、脂質エネルギー比率は30％以下にする。食事の基本形でのポイントは図7-19に示した。糖質摂取を十分にするために朝・昼・夕の3食では量的に摂取しきれないことが多いため、補食でおにぎりやもち、脂質が少ないあんぱんなどを利用したり、副菜や汁物ではいも類を多めに使うなどの工夫が必要である。

ライフステージ別アスリートの食事のポイント

（1） 小 学 生

　最近では小学校低学年からトップ選手を目指して競技に取り組む子どもたちも見かけるが、習いごとの1つとしてスイミングや体操教室あるいは、地域のスポーツ少年団で野球やサッカー、ミニバスケットボールなどに取り組む子どもたちもいる。練習頻度はさまざまで週1回30分程度の場合からほぼ毎日2～3時間の活動になる場合もある。基本的には学校の体育の授業やさまざまな行事で体を動かす機会があり、そのうえにスポーツ活動がプラスされると考えるとよい。その活動の源である食事は必要とされる量を満たさなければならない。小学生は一生のうちでも心身ともに大幅に成長する時期であり、その成長のスピードやタイミングは個別にかなり大きな開きがある。すなわち子どもによって必要とする栄養素の量や食事の量はかなり個人差があることを前提に、食事のとり方を考えなくてはならない。その一方で、朝・昼・夕食のうち、少なくとも昼食は、授業期間の場合、学校給食で学年ごとに同じ食事量の給食が提供される。それ以外の食事や補食を利用して個人差をカバーするように個別に食事計画を立てることになる。

　この時期のポイントは、食事の基本形にしたがって3食分の食事を組み立てるが、練習日では練習時間や練習量に配慮をしながら補食で不足

	通常登校日 練習日	休日 練習日	休日 試合日（1日2試合）
6:30	起床	起床	起床
7:00	朝食	朝食	朝食
8:00	登校	移動 練習準備	移動
9:00	授業	9:00 練習開始	9:00 開会式 9:30 アップ 10:00 第1試合 11:00 1試合終了 ミーティング
12:00	給食	12:00 練習終了 移動	12:30 アップ
13:00	授業	13:00 帰宅・昼食	13:00 第2試合 14:00 第2試合終了 ミーティング 14:30 昼食
15:00	下校 帰宅・補食		15:00 オフィシャル
16:00	サッカークラブ練習		16:00 解散・移動 17:00 帰宅・補食 17:30 入浴
18:00	練習終了 帰宅・入浴	18:00 夕食	18:00 夕食
19:00	夕食	19:00 自由時間 勉強	19:00 自由時間 勉強
20:00	宿題 自由時間		
21:00	就寝	21:00 就寝	21:00 就寝

🍙 は想定される補食のタイミング

● 図 7-20 ● スポーツ活動を行う小学生の1日の生活時間例

分を無理なくカバーすることである。

スポーツ活動を積極的に行う小学生の1日の生活時間例を図7-20に示した。主な補食のタイミングとして通常登校日の練習の前後や帰宅後のタイミング，休日の練習や試合終了後，帰宅直後のタイミングである。夕食まであと1時間程度の場合には，空腹を我慢させるあるいは少々のお菓子をつまむなどになりがちである。しかし，成長期の子どもにとっては，夕食の主食を早めに食べ始めるという**分食**の考え方を採用し，運動後の空腹時間が長くならないように配慮する。

分食

(2) 中学生

　中学生になると，女子に関しては身長の伸びがペースダウンする場合が多いが，体脂肪量の増加がみられる。これが食事量の無理な調整へのきっかけとなることも多い。一方，男子はこの時期に著しい身長の伸びがあり，食事量が成長のスピードに追いつかないケースも多々みられる。このように中学生の時期は男女の性差が出てくる時期でもある。また，中学生から学校給食がなくなり，昼食は弁当を持参する生徒の割合が増える。すべての食事が家庭や選手の自己管理下におかれる場合が増える。家庭での弁当づくりの負担は増えるが，その分，子どもたちにも自分の食生活を考えるきっかけとして弁当づくりを経験させることも大切であろう。時間的な確保はむずかしいと思われるが，自分の練習量や体調，体づくりに合わせた食事内容を習得させるよい機会であり，この時期の食育としては大切である。また，練習の前後を中心に補食の工夫も必要となる。しかしながら，登下校の途中での飲食が禁じられている学校も多い。この場合は家庭の保護者や指導者，学校関係者がジュニアアスリートの個別の情報を共有し，食環境の整備へのサポートが必要となる。

(3) 高校生

　高校生では身体的には成長の途上にある場合が多いものの，競技成績としてはトップ選手としてのレベルを求められるケースが出てくる。国際大会や競技団体の海外遠征および合宿に参加する選手いる。しかし，多くの子どもたちは学校での部活動を中心にスポーツ活動を活発に行う時期にあたる。学校給食の提供を受けることは少なく，高校生の大多数は昼食は弁当を持参すると思われるが，なかには学校内の売店や食堂を利用するケースも出てくる。図7-21（p.143）に示すように，中学生と比べ，練習時間が増え，登下校の距離も延びる傾向がある。そして，登下校時の生活は校則にある程度はしばられつつも，子どもたちが自主的に行動できる範囲も広がる。さらに，これらにともない帰宅時間も遅くなりがちである（図7-22，p.143）。高校生からは嗜好品を含めた間食や補食の自己管理の必要性も栄養教育として行いつつ，保護者の管理下における朝・昼・夕食の3食の食事を中心に必要な栄養素の量や食事量は確

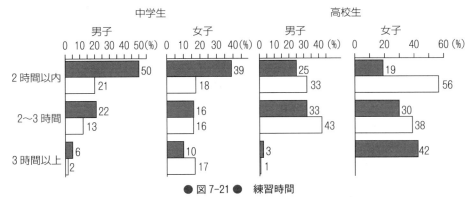

● 図7-21 ● 練習時間

出典：日本体育協会「ガイドブック ジュニア期のスポーツライフマネジメント」p.5
(http://www.japan-sports.or.jp/publish/tabid/776/Default.aspx#quide03)

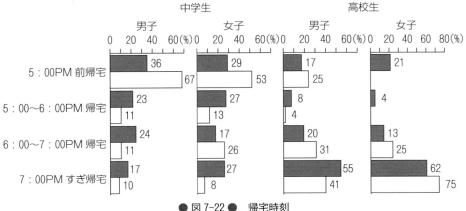

● 図7-22 ● 帰宅時刻

出典：日本体育協会「ガイドブック ジュニア期のスポーツライフマネジメント」p.6
(http://www.japan-sports.or.jp/publish/tabid/776/Default.aspx#quide03)

保できるように考える。練習後など，補食に頼らなければならないところは家庭から持参するか，あるいは部活動の一環として購入して準備をするなど，子ども自身と家庭，スポーツ指導現場との連携が必要になってくる。また，補食に関しては校則との調整が必要な場合も多く，家庭と学校，スポーツ現場の指導者など選手をサポートする大人たちが情報の共有を行い，選手のおかれた環境に応じて最良の食環境を整えるように努める必要がある。

8 スポーツとサプリメント

最近では子ども用のサプリメントも市販されており，スポーツをする

子どもにとっては必要なものであると思われがちであるが，その必要性については十分に検討しなければならない。2010（平成22）年のIOCスポーツ栄養コンセンサスにおいては基本的には用いるべきではないとしながらも，海外遠征時やその他の要因で食物の選択が限定的になる場合には，必須栄養素を補う手段としての短期的な補助的手段となり得るとの見解を示している[31]。いずれにしても，必要な栄養素を十分に摂取できるように食事を整えることが優先される。

（1）競技力向上とサプリメント

サプリメントは食品であるため，競技力の向上に効果があると明記することはできない[32]。さらに，副作用や安全性試験を含め，競技力向上に関しても科学的根拠が不十分な場合が多い。また，一般の食品に比べ，ある特定の栄養成分が高濃度で添加されているため，食事摂取基準で示されている各栄養素ごとの耐容上限量を超えた摂取となる危険性がある。この場合には健康被害が生じる恐れも考えておかなくてはならない。また，ドーピング禁止物質が混入している危険もあるが，食品であるため，特殊な機能性成分の表示義務はない。ドーピング検査に関しては，選手は摂取する食物すべてに責任を負わなければならない。安易に海外製品のサプリメントを摂取し，その後のドーピング検査で陽性反応が出たとしても，責任を負うのは選手自身である。特にジュニアアスリートに対して保護者や指導者が安易にサプリメント摂取を勧めたりすることは控えるべきであろう。

（2）サプリメントの適切な摂取について

サプリメントは食品として位置づけられているものの，通常の食品の摂取が制限される遠征時や体調不良で十分に食事が摂取できないときには，その使用が必要なケースがある。特に，試合や練習の前後あるいは，暑熱環境下での水分補給や栄養摂取が必要であるときにはスポーツドリンクやエネルギーゼリーなどが，現在広く用いられている。スポーツ栄養士など専門家がいれば適宜相談するとよい。

【参考文献】

1）Jacqueline D. Wright aC-YW, Trends in Intake of Energy and Macronutrients in Adults From 1999-2000 Through 2007-2008.（http://www.cdcgov/nchs/data/databriefs/db49pdf, Acceccd 6 January 2015.）
2）厚生労働省「平成24年度　国民健康・栄養調査報告」(http://www.mhlw.go.jp/bunya/kenkou/eiyou/dl/h24-houkokupdf（平成26年10月30日アクセス可能）. 54-65.）
3）厚生労働省『日本人の食事摂取基準［2015年版］策定検討会報告書』（たんぱく質）, pp. 92-93
4）Millward, DJ., Bowtell, JL., et al., Physical activity, protein metabolism and protein requirement, *The Proceeding of the Nutrition Society*, 53, 1994, pp. 223-240.
5）Rodriguez, NR., DiMarco, NM., et al., Nutrition and Athletic Performance, *Medicine and science in sports and exercise*, 41（3）, 2009, pp. 709-731, doi: 10.1249/MSS.0b013e31890eb86. PubMed PMID: WOS: 000263752200027.
6）Tarnopolsky, MA., Atkinson, SA., et al., Evaluation of protein-requirements for trained strength athletes, *Journal of applied physiology*, 73（5）, 1992, pp. 1986-1995, PubMed PMID: WOS: A1992JZ59600042.
7）Sherman, WM., Costill, DL., Fink, WJ., Miller, JM., Effect of exercise-diet manipulation on muscle glycogen and its subsequent utilization during performance, *International Journal of Sports Medicine*, 2（2）, 1981, pp. 114-118, doi: 10.1055/s-2008-1034594. PubMed PMID: WOS: A1981MQ04700009.
8）Foster, C., Costill, DL, Fink, WJ, Effects of preexercise feeding on endurance performance, *Medicine and Science and Sports*, 11, 1979, pp. 1-5.
9）Jeukendrup, AE, Killer, S, The myths surrounding pre-exercise carbohydrate feeding, *Annals of Nutrition and Metabolism*, 57（suppl. 2）, 2011, pp. 18-25.
10）LM Burke, JA Hawley, SHS Wong, AE Jeukendrop, Carbohydrates for training and competition, *Journal of Sports Sciences*, 29(S1), 2011, S17-S27.
11）Spodaryk, K., Iron metabolism in boys involved in intensive physical training, *Physiology & behavior*, 75（1-2）2002, pp. 201-206, doi: 10.1016/s0031-9384(01)00640-0. PubMed PMID: WOS: 000175195300024.
12）厚生労働省『日本人の食事摂取基準［2015年版］策定委員会報告書』（微量ミネラル, 鉄）pp. 286-295
13）Clotis, Drinkwater, BL, et al., ACSM Position Stand: The Female Athlete Triad, *Medicine & Science in Sports & Exercise*, 29（5）, 1997, pp. i-ix
14）The Female Athlete Triad, *Medicine & Science in Sports & Exercise*, 39（10）, 2007, pp. 1867-1882.
15）Mountjoy, M., Sundgot-Borgen, J., et al., The IOC consensus statement: beyond the Female Athlete Triad-Relative Energy Deficiency in Sport（RED-S）, *British journal of sports medicine*, 48（7）, 2014, p. 491, -+. doi: 10.1136/bjsports-2014-093502. PubMed PMID: WOS: 000334280000003.
16）上原徹「スポーツと摂食障害」『臨床精神医学』40（9）, 2011年, pp. 1179-1185
17）目崎　登「運動性無月経の発現機転」『スポーツ医学入門』2010年, pp. 138-145
18）松田貴雄, 秦祥彦ほか「女性アスリートの疲労骨折　特集 アスリートの疲労骨折──なぜ発症するのか」『臨床スポーツ医学』27, 2010年, pp. 383-388
19）Hergenroeder, AC., Bone mineralization, hypothalamic amenorrhea, and sex steroid therapy in female adolescents and young adults, *The Journal of Pediatrics*, 126（5）, 1995, pp. 683-689, doi: http://dx.doi.org/10.1016/S0022-3476(95)70393-4.
20）日本体育協会「第5章　スポーツと栄養」『公認スポーツ指導者養成テキスト　共通科目I』2014年
21）相原雄幸「食物依存性運動誘発アナフィラキシーの診断と対処法」『小児科臨床』59

（増刊），2006 年，pp. 1394-1402
22）小倉由紀子・小倉英郎「食物依存性運動誘発性アナフィラキシー」『Modern Physician』22，2002 年，pp. 487-489
23）日本学校保健会「食物アレルギー・アナフィラキシー．学校のアレルギー疾患に対する取り組みガイドライン」日本学校保健会ホームページ（http://www.gakkohoken.jp/book/ebook/ebook_01/01. pdf: 59-79.）
24）鈴木志保子「スポーツ栄養マネジメントの確立と実際」『日本栄養士会雑誌』52，2009 年，pp. 4-8
25）相澤勝治・久木留毅ほか「ジュニアレスリング選手における試合に向けた減量の実態」『日本臨床スポーツ医学会誌』13（2），2005 年，pp. 214-219
26）清水和弘・相澤勝治ほか「唾液中 SIgA を用いた全日本トップレスリング選手の急速減量時のコンディション評価」『日本臨床スポーツ医学会誌』15（3），2007 年，pp. 441-447
27）相澤勝治・久木留毅ほか「体重階級制競技における短期的急速減量時のコンディション評価」『臨床スポーツ医学』23（12），2006 年，pp. 1531-1536
28）村田浩子・髙田和子・夏井裕明・田口素子「柔道女子重量級競技者における身体組成の特徴とメタボリックシンドロームのリスク」『日本臨床スポーツ医学会誌』21（3），2013 年，pp. 623-631
29）Laurson, KR., Eisenmann, JC., Prevalence of overweight among high school football linemen［9］, *Journal of the American Medical Association*, 297（4），2007, pp. 363-364.
30）永澤貴昭・村田浩子・村岡慈歩・夏井裕明・田口素子「競技者の増量に適した食事方法の検討」『日本臨床スポーツ医学会誌』21（2），2013 年，pp. 422-430
31）Maughan, RJ., Shirreffs, SM., IOC Consensus Conference on Nutrition in Sport, 25-27 October 2010, International Olympic Committee, Lausanne, Switzerland, *Journal of sports sciences*, 29, 2011, S1-S. doi: 10.1080/02640414.2011.619339. PubMed PMID: WOS: 000299894900001.
32）厚生労働省「一般健康食品の機能性表示について」規制改革会議　第 2 回健康・医療ワーキンググループ。平成 25 年 4 月 4 日（http://www8.cao.go.jp/kisei-kaikaku/kaigi/meeting/2013/wg/kenko/130404/item2.pdf.）

【推薦図書】
1）田口素子・樋口満編著『体育・スポーツ指導と学生のためのスポーツ栄養学』市村出版，2014 年
2）日本体育協会・こばたてるみ・木村典代・青野博編『小・中学生のスポーツ栄養ガイド』女子栄養大学出版部，2010 年
3）鈴木志保子『健康づくりと競技力向上のためのスポーツ栄養マネジメント』日本医療企画，2011 年

まとめ

1. トレーニングおよび体づくりの目的を明確にし，エネルギーバランスを十分に考慮した食事計画を立てる。計画の実施後は個別の栄養評価と，計画の見直しを行う。
2. 試合前では持久系種目を中心にグリコーゲンの十分な回復と蓄積のために高糖質食を摂取する。体重階級制競技の場合，計量のための減量が必要かを十分に検討する。試合当日は1日3回の食事にとらわれず，必要な栄養素量を確保するよう，試合スケジュールに合わせた食事と補食をとる。試合後は体内のグリコーゲン量を回復させる。
3. 遠征時や合宿では事前の準備が重要である。
4. スポーツにともなう栄養障害には骨障害，摂食障害，月経障害（女性選手の三主徴）を含む相対的なエネルギー不足によって引き起こされる Relative Energy Deficiency in Sports（REDs）がある。その他，鉄欠乏性貧血，栄養素の過剰摂取や食物依存運動誘発アナフィラキシーショックなどもあり，個別の対応が求められる。
5. スポーツ選手に対するスポーツ栄養マネジメントを特に栄養サポートという。
6. アスリートのウエイトコントロールには長期的な体づくりの減量と，試合前の戦略的な減量のほか増量も行われる。いずれの場合も，目的を明確にし，十分な身体組成の評価と計画，さらに十分な管理のもとで実施されるべきである。専門的な知識を持った医師や公認スポーツ栄養士の管理のもとで，慎重に行う。
7. ジュニアアスリートが，食事をとりまく環境の変化に適切に対応できるよう，保護者や指導者，学校関係者が十分な情報共有を行い，食環境の整備に配慮を行う。
8. サプリメントは特定の栄養素が濃縮されている場合があり，過剰摂取による健康障害に注意し，安易な使用は控える。

第8章
水分補給

水分の体内機能と必要量

　一般成人では体の水分は体重の約60%を占めており，子どもはこれより高い割合である[1]。体内の水分は細胞外液（血漿や間質液）と細胞内液に分けられ，細胞外液は体内の3分の1，細胞内液は3分の2を占める[2]。水分の体内で役割では，生体の構成成分としての**構造的役割**，生体内での生化学反応を行う場として**物質溶解**の役割，栄養素をはじめとする**物質運搬**の役割，**体温保持**および身体への**衝撃吸収**の役割をもつ。生体の構成成分としての役割があるため，身体が成長する時期には，特に必要量が増加する。また，体内での生化学的反応の多くは物質が水に溶解して進むため，さまざまな代謝における反応には水分が欠かせない。生体内に必要とされる電解質も水分に溶解した状態で存在している。さらに，体内における栄養素をはじめとする物質の移動には水が必要であり，食物の消化吸収から始まり，体内に吸収された栄養素の組織間および細胞内外の移動や代謝産物である老廃物の排泄に至るまで水の運搬作用により行われている。体温保持機能は，水の比熱が大きい（熱が伝わりにくい）性質により，体内の環境を気温などの環境の変動から守る働きである。また，運動など身体活動により体内で発生した熱は，発汗を通して体水分が蒸発する際の気化熱として体内から奪われるため，水分はこのような**体温調節**にも貢献している[1]。

　水の必要量を算定する方法として，直接法である出納法と水の代謝回転速度から推定する方法が知られている。これらの方法を用いた結果を図8-1に示した。生活活動レベルの低い成人で2.3～2.5 ℓ/日程度，生活活動レベルの高い成人で3.3～3.5 ℓ/日程度である[3]。また，表8-1には一

構造的役割

物質溶解
物質運搬
体温保持
衝撃吸収

体温調節

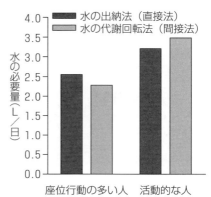

● 図8-1 ● 座位行動が多い人々と，活動的な人々における水の必要量の比較
出典：Sawka, MN., Cheuvront, SN., Carter, R., Human water needs., *Nutrition Reviews*, 63 (6), 2005. S31 より改変

● 表8-1 ● 温暖な気候で暮らす座位行動の多い成人における水の出納

	水摂取（ml/day）				水排泄（ml/day）		
	最小	最大	平均		最小	最大	平均
飲料	1440[a]	1750[a]	1575	尿	1200	2000	1600
食物	600[a]	750[a]	675	皮膚からの蒸散	450	450	450[c]
小計	2000[d]	2500[e]	2250	呼気	250[c]	350[c]	300
代謝水	250	350	300	便	100	300	200[c]
合計	2250	2850	2550	合計	2000	310	2550

出典：Jequier, E., et al., Water as an essential nutrient: the physiological basis of hydration, European Journal of Clinical Nutrition, 64 (2), 2010, p.117 より改変

● 表8-2 ● アメリカ合衆国における総水分量の食事摂取基準（Institute of Medicine of the National Academies, Washington DC）

年齢等	基準	男性目標量（L/日）			女性の目標量（L/日）		
		食品	飲料	総水分量	食品	飲料	総水分量
0-6か月	母乳からの水分摂取の平均値	0.0	0.7	0.7	0.0	0.7	0.7
7-12か月		0.2	0.6	0.8	0.2	0.6	0.8
1-3歳	NHANES Ⅲ からの総水分摂取の中央値	0.4	0.9	1.3	0.4	0.9	1.3
4-8歳		0.5	1.2	1.7	0.5	1.2	1.7
9-13歳		0.6	1.8	2.4	0.5	1.6	2.1
14-18歳		0.7	2.6	3.3	0.5	1.8	2.3
19歳以上		0.7	3.0	3.7	0.5	2.2	2.7

NHANES Ⅲ：Third National Health and Nutrition Examination Survey.
総水分量は飲料水や他の飲料と食品からの水分の合計値である
出典：Jequier, E., and Constant, F., Water as an essential nutrient: the physiological basis of hydration, European Journal of Clinical Nutrition, 64 (2), 2010, p.121 より改変

般成人の水分出納のデータを示した[1]。しかし，これらの値は性別や年齢別，対象別などより細かく分類した対象者向けに算定するための根拠に乏しく，アメリカおよびカナダの食事摂取基準では目安量が設定されているにすぎない（表8-2）[1]。日本においても水の必要量を算定するための科学的根拠となる研究は不十分である。日本人はみそ汁などの汁物を摂取する機会が多く，めん類も汁物と一緒に食べることが多い。そのため欧米諸国とは異なることが予想される[4]。

体温調節と暑熱環境に対する順化（適応）

　水分の体内における機能のうち，体温調節は，身体活動量とエネルギー産生量が多いアスリートにとっては特に重要である[5]。身体活動により上昇した体温は，さまざまなしくみによって体外に放出されることで，

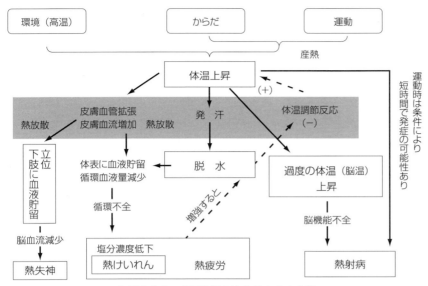

● 図8-2 ● 体温調節反応と熱中症の病態

出典：環境省「熱中症環境保健マニュアル」

体温調節が行われている（図8-2）。この体温調節機能は，体が**暑熱環境**に適応すること（**暑熱順化**）により効率的に行われるようになる。図8-3は暑熱順化の研究結果を示している。この研究では高温環境下での運動実施日数が増えるにつれて体温の上昇が抑えられ，運動継続時間と発汗量が増加した[6]。また，実際の熱中症患者数の推移に関する報告においても暑熱順化の影響が見受けられる。図8-4では暑さに慣れていない7月中旬のころに患者数の最初のピークが現れている[7]。気温の変化は年ごとに異なるが，本格的な暑さがピークを迎える前に患者数の最初のピークが現れる例があることから，暑さに慣れていない時期では暑さへの対策は十分に行う必要がある。さらに子どもでは**汗腺の発達**が成人より未熟なため，発汗による体温調節は成人と比べて効率が悪い[8]。子どものスポーツ活動においては，この特徴を十分に考慮に入れる必要がある。

暑熱環境
暑熱順化
汗腺の発達

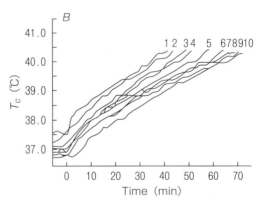

● 図8-3 ● 暑熱順化における食道温の変化

8人の被験者が連続9〜12日間　気温40〜42℃，湿度10〜15%の環境下で90分の50%最大酸素摂取量（心拍数125〜130拍/分）の自転車エルゴメータによる持久性運動を実施。折れ線グラフは実施1日目から10日目までの運動継続時間と平均食道温の変化

出典：Nielsen, B., Hales, JRS, *et al.*, Human circulation and thermoregulatory adaptations with heat acclimation and exercise in a hot, dry environment, *Journal of Physiology* (London), 460, 1993, p. 472, Fig. 1. B を改変

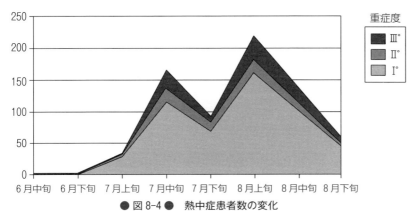

● 図8-4 ● 熱中症患者数の変化

出典：日本救急医学会熱中症検討特別委員会, Heatstroke STUDY 2006 in Japan『日本救急医学会誌』19, 2008, p.313, Fig.5 を改変

3 熱中症とその対応

熱中症とは暑さによって生じる障害の総称で，「暑熱環境下での**身体適応障害**により発生する状態の総称」と定義されている[9]。後述の4つの病型では混同しやすいとのことから重症度Ⅰ度〜Ⅲ度に分類する場合もあるが，ここでは広くスポーツ現場で用いられている『スポーツ活動中の熱中症予防ガイドブック』（日本体育協会，2013年）[10]の4つの病型による分類を用いる。この4つの病型は**熱失神**，**熱けいれん**，**熱疲労**および**熱射病**であり，それぞれの症状および対応の概要を表8-3（p.152）に示した。比較的症状の軽い熱失神や熱けいれんではスポーツ現場で早めに対応することより回復することも多い。しかし，時間の経過とともに症状が急速に悪化する場合もあるので注意深くフォローすることが大切である。また，実際の例では，このようにはっきりと病型ごとの症状が現れるわけではなく，嘔吐により脱水症状や熱けいれんに気づく場合や，いろいろな症状が組み合わされた状態で体調の異変に気づく場合も多い。このような場合には重症度に応じた救急処置をすることが求められる。スポーツ現場での対応は図8-5（p.152）のようなフローチャートが示されている[10]。

熱中症
身体適応障害

熱失神
熱けいれん
熱疲労
熱射病

● 表8-3 ● 熱中症の4つの病型

熱失神	炎天下で長い時間立っているときや立ち上がったとき、運動後などに起こる。皮膚血管の拡張と血液貯留のために血圧が低下、脳血流が減少して起こるもので、めまいや失神（一過性の意識消失）などの症状が見られる。足を高くして寝かせると通常はすぐに回復する。
熱けいれん	大量の発汗により汗に含まれる塩分が失われた状態で水（あるいは塩分の少ない水）だけを補給して血液中の塩分濃度が低下したときに起こる。痛みを伴う筋けいれん（こむら返りのような状態）が見られる。下肢だけでなく上肢の筋や腹筋などに起こる。生理的食塩水（0.9％食塩水）などの食塩水の補給や点滴により通常は回復する。
熱疲労	発汗による脱水と皮膚血管の拡張による循環不全の状態であり、脱力感、倦怠感、めまい、頭痛、吐き気などの症状が見られる。スポーツドリンクなどで水分と塩分を補給することにより通常は回復する。嘔吐などにより経口による水分摂取が困難な場合は点滴などの医療処置が必要となる。
熱射病	体温調節が破綻し、過度に体温が上昇（40℃以上）して脳機能に異常をきたした状態であり、種々の程度の意識障害がみられ、応答が鈍い、言動がおかしいといった状態から進行するとこん睡状態になる。高体温が持続すると脳だけでなく、肝臓、腎臓、肺、心臓などの多臓器障害を併発し、死亡率が高くなる。死の危険のある緊急事態であり、救命できるかどうかは、いかに早く体温を低下させることができるかによる。救急車を要請し、すみやかに冷却処置を開始する。

出典：日本体育協会『スポーツ活動中の熱中症予防のガイドブック』2013年より筆者作表

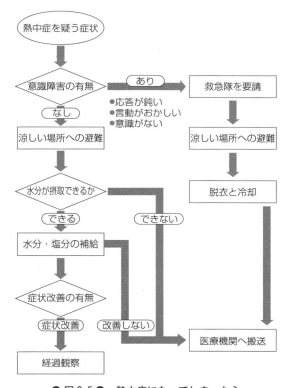

● 図8-5 ● 熱中症になってしまったら
出典：日本体育協会『スポーツ活動中の熱中症予防のガイドブック』2013年より筆者作図

4　運動時の水分摂取

　運動時の適切な水分補給は，熱中症予防のほか，暑熱環境下での競技パフォーマンスの低下を最小限にくい止めるためにも重要である。アメリカスポーツ医学会では，2007（平成19）年に運動と水分摂取に関するPOSITION STANDを改訂し，発表している[11]。これには，身体活動を行う前から適切な血漿（けっしょう）量や電解質バランスの状態が保てるように，十分な水分摂取を行うことや，十分な競技パフォーマンスの発揮には**運動前後の体重測定**で2％以下の**体重減少**に抑えることなどが示されている。また，日本体育協会ではスポーツ活動時の水分摂取の目安量を示している（表8-4）[12]。これら水分摂取のガイドラインをスポーツ現場で生かす際には，日本の暑熱環境は，高温に加え，欧米諸国と比べて**湿度が高い**点も考慮に入れなくてはならない。湿度の差によって発汗量が左右される可能性があり，水分摂取の目安量を修正する必要が考えられる。また，子どもは成人と比較して汗腺が未発達であることから，体温調節におけ

運動前後の体重測定
体重減少

湿度が高い

● 表8-4 ●　運動強度と水分補給の目安

運動強度			水分摂取量の目安	
運動の種類	運動強度 （最大強度の％）	持続時間	競技前	競技中
トラック競技 バスケット サッカーなど	75〜100％	1時間以内	250〜500 ml	500〜1,000 ml
マラソン 野球など	50〜90％	1〜3時間	250〜500 ml	500〜 1,000 ml/1時間
ウルトラマラソン トライアスロン など	50〜70％	3時間以上	250〜500 ml	500〜 1,000 ml/1時間 必ず塩分を補給

注意
1. 環境条件によって変化するが，発汗による体重減少の70〜80％の補給を目標とする。気温の高い時には15〜20分ごとに飲水休憩をとることによって，体温の上昇が抑えられる。1回200〜250 mlの水分を1時間に2〜4回に分けて補給する。
2. 水の温度は5〜15℃が望ましい。
3. 食塩（0.1〜0.2％）と糖質を含んだものが有効である。運動量が多いほど糖質を増やしてエネルギーを補給する。特に1時間以上の運動をする場合には，4〜8％程度の糖質を含んだものが疲労の予防に役立つ。

出典：日本体育協会『スポーツ活動中の熱中症予防ガイドブック』2006年，p.16より筆者改変

る発汗の貢献度を低くみつもる必要がある．その場合，暑熱環境下での水分補給では，ドリンクの温度を望ましいとされる5～15℃の範囲の低めにするなどの対応も考えられる．それぞれのスポーツ現場で適切な方法に応用することが大切である．運動中の発汗による体重損失を水分摂取ですべて補うことはむずかしいといわれているが，運動前後の体重減少は2％以内になるように水分摂取を十分に行うことが重量である．体重計を準備するなど可能な限り運動前後の体重減少を測定ができるように環境を整えることも必要である．また，水分摂取のタイミングにおける注意点として，のどの渇きを感じてからではなく，水分摂取のための休息を定期的に15～20分ごとに設けることを薦めたい．部活動をはじめとする子どもたちのスポーツ現場では練習やトレーニングのスケジュールは，指導者や保護者によって管理されていることが多い．大人たちが子どもたちの様子をよく観察し，水分摂取のための休憩のタイミングだけでなく，練習の強度や休憩時間の長さなども，気象条件に合わせて変更することを考慮に入れ，アスリートの**体調管理**に努める必要がある． 体調管理

5 運動の種類とスポーツドリンク

　屋外で行う強度の高いスポーツ種目では一般的に発汗量が多い．表8-5（p.155）は，主なスポーツ種目と発汗率，自発的水分摂取および脱水の程度を示したものである[11]．屋外の強度の高いスポーツのほか，防具をつけて行うスポーツでは発汗量が多く，自発的な水分摂取では水分減少量に相当する量までは摂取できない．また，同一種目であってもポジションや階級によって体格差が大きく，さらにトレーニングの内容や時期によっても水分摂取は大きく変動することが予想される．このように水分摂取は，個人ごとに管理されなくてはならない．ジュニアアスリートにも水分摂取の重要性を学ぶ機会を設けるべきである．自分が取り組んでいるスポーツの**競技特性**の1つとして水分摂取を位置づけ，成長 競技特性 とともに選手自身が自己管理できるように教育する必要がある．種目によっては試合中やトレーニング場所での水分摂取に制限があり，大会ごとに試合会場でのルールが適用されることもある．そのため，事前にシ

ミュレーションを行い水分摂取の計画を立て準備を行う。

なお，**スポーツドリンク**は適切な水分摂取をサポートできるよう商品設計されているものが多いので，目的や好みに応じて選択するとよい。発汗により失われる水分や電解質の適切な補給を考えた場合，ヒトの体液に近い**浸透圧**は必要である。ヒトの体液はおよそ 280〜290 **mOsm/L** 程度であり，**アイソトニック飲料**はこの浸透圧に近いドリンクである。この浸透圧より低いと**ハイポトニック飲料**，高い場合には**ハイパートニック飲料**とおおまかに分類されている。スポーツ活動時の水分摂取では体内への素早い吸収が求められるため，浸透圧が体液より高い 300 mOsm/L 以上のドリンクは向かないことが多い。これは浸透圧が体液より高いために胃での滞留時間が長くなり，体内への吸収が遅れることが考えられるからである。しかし，競技時間の長い種目ではスポーツドリンクはエネルギー源の補給としても利用したい場合が多い。**糖分濃度**は3〜8％程度で水分の吸収がよいので，前述の水分摂取のガイドラインでも同程度の糖分濃度を推奨している。そのため，水分補給を優先する状況では糖分濃度はこの3〜8％程度で，浸透圧は体液と同じか低い浸透圧である 280 mOsm/L 以下のドリンクが適する。しかし，飲料によるエネルギー補給も期待するのであれば，胃での滞留時間を考慮に入れた摂取タイミングの工夫で糖分濃度の高いドリンクの併用も考えられる。また，運動の実施によって味覚に変化が起こることが知られており，甘味は感じやすくなる傾向がある[13)14)]。実際のスポーツ現場におい

スポーツドリンク

浸透圧
mOsm/L
　溶液1リットルあたりの浸透圧，容量オスモル濃度
アイソトニック飲料
ハイポトニック飲料
ハイパートニック飲料

糖分濃度

● 表 8-5 ● スポーツ種目別の発汗率，自主的な水分摂取量および脱水のレベルについて

種目	コンディション	発汗率（L/時間）		自発的水分摂取（L/時間）		脱水の程度（％体重）	
		平均値	範囲	平均値	範囲	平均値	範囲
水球	トレーニング（男性）	0.29	0.23-0.35	0.14	0.09-0.20	0.26	0.19-0.34
	試合（男性）	0.79	0.69-0.88	0.38	0.30-0.47	0.35	0.23-0.46
水泳	トレーニング（男女）	0.37		0.38		0	(+1.0-1.4 kg)
ボート	夏期トレーニング（男性）	1.98	(0.99-2.92)	0.96	(0.41-1.49)	1.7	(0.5-3.2)
バスケットボール	夏期トレーニング（男性）	1.37	0.90-1.84	0.8	0.35-1.25	1.0	0-2.0
サッカー	夏期トレーニング（男性）	1.46	0.99-1.93	0.65	0.16-1.15	1.59	0.4-2.8
	冬期トレーニング（男性）	1.13	(0.71-1.77)	0.28	(0.03-0.63)	1.62	0.87-2.55
アメリカンフットボール	夏期トレーニング（男性）	2.14	1.10-3.18	1.42	0.57-2.54	1.7 kg(1.5%)	0.1-3.5 kg
テニス	夏期試合（男性）	1.6	0.62-2.58	-1.1		1.3	0.3-2.9
	夏期試合（女性）		0.56-1.34	-0.9		0.7	0.9-2.3
ハーフマラソン	冬期レース（男性）	1.49	0.75-2.23	0.15	0.03-0.27	2.42	1.30-3.60

範囲は95％信頼区間あるいは（range）で表した
出典：Sawka et al., Exercise and fluid replacement, *Medicine and Science in Sport and Exercise*, 39 (2), 2007, pp. 377-390 を一部抜粋し改変

ても市販のスポーツドリンクは濃くて飲みにくいから薄めたいという声が聞かれる。水分補給を第一に考えるならば，摂取量の確保のために，飲みやすい濃度にすることも必要かもしれない。しかし，飲料の塩分濃度も低下し，ミネラル不足を起こしやすくなるので，推奨されている0.1〜0.2％程度になるように食塩をプラスするなどの配慮が必要となる。スポーツドリンクは多種多様な製品が市販されている。好みや目的に合わせ**栄養成分表示**を確認して，それぞれのケースで最適なドリンクを選ぶようにしたい。

栄養成分表示

【参考文献】
1）Jequier, E., Constant, F., Water as an essential nutrient: the physiological basis of hydration, *European Journal of Clinical Nutrition*, 64（2），2010, pp. 115-123.
2）Wang, ZM., Deurenberg, P., *et al.*, Hydration of fat-free body mass: review and critique of a classic body-composition constant, *American Journal of Clinical Nutrition*, 69（5），1999, pp. 833-841.
3）Sawka, MN., Cheuvront, SN., Carter, R., Human water needs, *Nutrition Reviews*, 63（6），2005, S30-S9. doi: 10.1301/nr.2005.jun.S30-S39.
4）厚生労働省『日本人の食事摂取基準［2015年版］』2014年（http://www.mhlw.go.jp/file/05-Shingikai-10901000-Kenkoukyoku-Soumuka/0000042639.pdf.）
5）環境省「熱中症予防マニュアル」2014年（http://www.env.go.jp/chemi/heat_stroke/manual/full.pdf.）
6）Nielsen, B., Hales, JRS., *et al.*, Human circulatory and thermoregulatory adaptations with heat acclimation and exercise in a hot, dry environment, *Journal of Physiology-London*, 460, 1993, pp. 467-485.
7）日本救急医学会熱中症検討特別委員会「Heatstroke STUDY 2006 in Japan」『日本救急医学会誌』19，2008年，pp. 309-321
8）朝倉正巳「こどもの生理学的特徴について」日本体育協会『夏のトレーニングガイドブック』2000年，pp. 4-5
9）白石振一郎「熱中症の診断と重症度分類」『Geriatric Medicine（老年医学）』52（5），2014年，pp. 483-486
10）日本体育協会『スポーツ活動中の熱中症予防ガイドブック［2013年改訂］』
11）Sawka, MN., Burke, LM., *et al.*, Exercise and fluid replacement, *Medicine and science in sports and exercise*, 39（2），2007, pp. 377-390.
12）日本体育協会『スポーツ活動中の熱中症予防ガイドブック』2006年
13）本岡佑子・麻見直美「暑熱下での屋外スポーツ活動が味覚閾値に及ぼす影響」『日本運動生理学雑誌』17（2），2010年，pp. 59-66
14）Narukawa, M., Ue, H., *et al.*, Change in Taste Sensitivity to Sucrose Due to Physical Fatigue, *Food Science and Technology Research*, 15（2），2009, pp. 195-198.

【推薦図書】
1）田口素子・樋口満編著『体育・スポーツ指導と学生のためのスポーツ栄養学』市村出版，2014年
2）日本体育協会・樋口満監修　こばたてるみ・木村典代・青野博編，『小・中学生のスポーツ栄養ガイド』女子栄養大学出版部，2010年

まとめ

1 水分は体重の約60%を占め，体内における機能には構造的役割，物質の溶解および運搬作用，体温保持および衝撃吸収がある。必要量は生活活動レベルの低い成人で2.3〜2.5 ℓ/日程度，生活活動レベルの高い成人で3.3〜3.5 ℓ/日程度とされている。

2 身体活動量が多く，エネルギー産生量が多いアスリートでは体温調節機能は特に重要である。体温調節機能は，暑熱順化により効率的に行われるようになる。

3 熱中症には熱失神，熱けいれん，熱疲労および熱射病の4つの病型がある。スポーツ現場でははっきりと病型ごとの症状が現れるわけではないため，重症度に応じた救急処置をすることが求められる。

4 運動時の適切な水分補給では，身体活動を行う前から適切な血漿量や電解質バランスの状態を保つための十分な水分摂取を行うことや運動前後の体重測定で2%以下の体重減少に抑えられるように運動中の水分摂取を行う。既存のガイドラインによる目安量を参考に水分補給を行うが，日本では高温多湿の暑熱環境の特徴を理解し，水分摂取の目安量を修正する必要が考えられる。また，それぞれのスポーツ現場で適切な方法に応用することが大切である。

5 屋外での強度の高いスポーツや防具をつけて行うスポーツでは発汗量が多く，自発的な水分摂取では水分補給は不足がちになる。スポーツドリンクは適切な水分摂取をサポートできるようにさまざまな商品がある。浸透圧がヒトの体液（280〜290 mOsm/L程度）に近いアイソトニック飲料あるいはそれより低いハイポトニック飲料を中心に水分補給を行う。スポーツ活動中に飲みやすいドリンクの濃度が変化していると考えられる際には，十分な水分摂取量の確保を目的にし，ドリンクの濃度調整を行うことがある。この場合，0.1〜0.2%の塩分濃度は保てるように食塩をプラスするなどの配慮が必要となる。

◆ 巻 末 資 料 ◆

1　基礎代謝量・身体活動レベル・推定エネルギー必要量

● 表 1-1 ●　参照体重における基礎代謝量

性別	男性			女性		
年齢（歳）	基礎代謝基準値 (kcal/kg 体重/日)	参照体重[注] (kg)	基礎代謝量 (kcal/日)	基礎代謝基準値 (kcal/kg 体重/日)	参照体重 (kg)	基礎代謝量 (kcal/日)
1～2	61.0	11.5	700	59.7	11.0	660
3～5	54.8	16.5	900	52.2	16.1	840
6～7	44.3	22.2	980	41.9	21.9	920
8～9	40.8	28.0	1,140	38.3	27.4	1,050
10～11	37.4	35.6	1,330	34.8	36.3	1,260
12～14	31.0	49.0	1,520	29.6	47.5	1,410
15～17	27.0	59.7	1,610	25.3	51.9	1,310
18～29	24.0	63.2	1,520	22.1	50.0	1,110
30～49	22.3	68.5	1,530	21.7	53.1	1,150
50～69	21.5	65.3	1,400	20.7	53.0	1,100
70 以上	21.5	60.0	1,290	20.7	49.5	1,020

注：参照体重：0～17才については日本小児内分泌学会・日本成長学会合同標準値委員会による小児の体格評価に用いる身長，体重の標準値。18才以上は平成 22 年，23 年国民健康，栄養調査における当該の性及び年齢階級における身長，体重の中央値（妊婦授乳婦を除く）

● 表 1-2 ●　年齢階級別に見た身体活動レベルの群分け（男女共通）

年齢（歳） \ 身体活動レベル	レベル I（低い）	レベル II（ふつう）	レベル III（高い）
1～2	―	1.35	―
3～5	―	1.45	―
6～7	1.35	1.55	1.75
8～9	1.40	1.60	1.80
10～11	1.45	1.65	1.85
12～14	1.50	1.70	1.90
15～17	1.55	1.75	1.95
18～29	1.50	1.75	2.00
30～49	1.50	1.75	2.00
50～69	1.50	1.75	2.00
70 以上	1.45	1.70	1.95

※身体活動レベルの区分，数値に関しては，第 4 章・表 4-6（p.61）を参照のこと

● 表 1-3 ● 推定エネルギー必要量（kcal/日）

性別	男性			女性		
身体活動レベル 年齢（歳）	Ⅰ	Ⅱ	Ⅲ	レベルⅠ （低い）	レベルⅡ （ふつう）	レベルⅢ （高い）
1～2	—	950	—	—	900	—
3～5	—	1,300	—	—	1,250	—
6～7	1,350	1,550	1,750	1,250	1,450	1,650
8～9	1,600	1,850	2,100	1,500	1,700	1,900
10～11	1,925	2,250	2,500	1,850	2,100	2,350
12～14	2,300	2,600	2,900	2,150	2,400	2,700
15～17	2,500	2,850	3,150	2,050	2,300	2,550
18～29	2,300	2,650	3,050	1,650	1,950	2,200
30～49	2,300	2,650	3,050	1,750	2,000	2,300
50～69	2,100	2,450	2,800	1,650	1,900	2,200
70以上	1,850	2,200	2,500	1,500	1,750	2,000

2　タンパク質の食事摂取基準

● 表 2-1 ● タンパク質（g/日）

年齢（歳）	男性		女性	
	推定平均必要量	推奨量	推定平均必要量	推奨量
1～2	15	20	15	20
3～5	20	25	20	25
6～7	25	35	25	30
8～9	35	40	30	40
10～11	40	50	40	50
12～14	50	60	45	55
15～17	50	65	45	55
18～29	50	60	40	50
30～49	50	60	40	50
50～69	50	60	40	50
70以上	50	60	40	50

3　脂質の食事摂取基準

● 表 3-1 ● 脂質
（脂質の総エネルギーに占める割合
［脂肪エネルギー比率］：％エネルギー）

年齢（歳）	男性	女性
	目標量[1]（中央値[2]）	目標量[1]（中央値[2]）
1～2	20～30（25）	20～30（25）
3～5	20～30（25）	20～30（25）
6～7	20～30（25）	20～30（25）
8～9	20～30（25）	20～30（25）
10～11	20～30（25）	20～30（25）
12～14	20～30（25）	20～30（25）
15～17	20～30（25）	20～30（25）
18～29	20～30（25）	20～30（25）
30～49	20～30（25）	20～30（25）
50～69	20～30（25）	20～30（25）
70以上	20～30（25）	20～30（25）

1　範囲については，おおむねの値を示したものである。
2　中央値は，範囲の中央値を示したものであり，最も望ましい値を示すものではない。

● 表 3-2 ●　n-6系脂肪酸（g/日）

年齢（歳）	男性 目安量	女性 目安量
1～2	5	5
3～5	7	6
6～7	7	7
8～9	9	7
10～11	9	8
12～14	12	10
15～17	13	10
18～29	11	8
30～49	10	8
50～69	10	8
70以上	8	7

● 表 3-3 ●　n-3系脂肪酸（g/日）

年齢（歳）	男性 目安量	女性 目安量
1～2	0.7	0.8
3～5	1.3	1.1
6～7	1.4	1.3
8～9	1.7	1.4
10～11	1.7	1.5
12～14	2.1	1.8
15～17	2.3	1.7
18～29	2.0	1.6
30～49	2.1	1.6
50～69	2.4	2.0
70以上	2.2	1.9

4　炭水化物・食物繊維の食事摂取基準（第5章, p.65～参照）

● 表 4-1 ●　炭水化物（％エネルギー）

年齢（歳）	男性 目標量[1,2]（中央値[3]）	女性 目標量[1,2]（中央値[3]）
1～2	50～65 (57.5)	50～65 (57.5)
3～5	50～65 (57.5)	50～65 (57.5)
6～7	50～65 (57.5)	50～65 (57.5)
8～9	50～65 (57.5)	50～65 (57.5)
10～11	50～65 (57.5)	50～65 (57.5)
12～14	50～65 (57.5)	50～65 (57.5)
15～17	50～65 (57.5)	50～65 (57.5)
18～29	50～65 (57.5)	50～65 (57.5)
30～49	50～65 (57.5)	50～65 (57.5)
50～69	50～65 (57.5)	50～65 (57.5)
70以上	50～65 (57.5)	50～65 (57.5)

1　範囲については，おおむねの値を示したものである。
2　アルコールを含む。ただし，アルコールの摂取を勧めるものではない。
3　中央値は，範囲の中央値を示したものであり，最も望ましい値を示すものではない。

● 表 4-2 ●　食物繊維（g/日）

年齢（歳）	男性 目標量	女性 目標量
1～2	―	―
3～5	―	―
6～7	11以上	10以上
8～9	12以上	12以上
10～11	13以上	13以上
12～14	17以上	16以上
15～17	19以上	17以上
18～29	20以上	18以上
30～49	20以上	18以上
50～69	20以上	18以上
70以上	19以上	17以上

5　ビタミンAの食事摂取基準

●表5-1●　ビタミンA（レチノール活性当量/日）[1]

年齢（歳）	男性		女性	
	推奨量[2]	耐容上限量[3]	推奨量[2]	耐容上限量[3]
1～2	400	600	350	600
3～5	500	700	400	700
6～7	450	900	400	900
8～9	500	1,200	500	1,200
10～11	600	1,500	600	1,500
12～14	800	2,100	700	2,100
15～17	900	2,600	650	2,600
18～29	850	2,700	650	2,700
30～49	900	2,700	700	2,700
50～69	850	2,700	700	2,700
70以上	800	2,700	650	2,700

1　レチノール活性当量＝レチノール（μg）＋β-カロテン（μg）×1/12＋α-カロテン（μg）×1/24＋β-クリプトキサンチン（μg）×1/24＋その他のプロビタミンAカロテノイド（μg）×1/24
2　プロビタミンAカロテノイドを含む。
3　プロビタミンAカロテノイドを含まない。
レチノール活性当量：ビタミンAの効力を持つものはレチノールβ-カロテン，α-カロテン，β-クリプトキサンチン，その他カロテノイドであるが，それぞれ効力が異なるので「レチノール」としてまとめて示す。

●表5-2●　ビタミンD（μg[1]/日）

年齢（歳）	男性		女性	
	目安量	耐容上限量	目安量	耐容上限量
1～2	2.0	20	2.0	20
3～5	2.5	30	2.5	30
6～7	3.0	40	3.0	40
8～9	3.5	40	3.5	40
10～11	4.5	60	4.5	60
12～14	5.5	80	5.5	80
15～17	6.0	90	6.0	90
18～29	5.5	100	5.5	100
30～49	5.5	100	5.5	100
50～69	5.5	100	5.5	100
70以上	5.5	100	5.5	100

1　1 mg＝1000 μg

●表5-3●　ビタミンE（mg/日）[1]

年齢（歳）	男性		女性	
	目安量	耐容上限量	目安量	耐容上限量
1～2	3.5	150	3.5	150
3～5	4.5	200	4.5	200
6～7	5.0	300	5.0	300
8～9	5.5	350	5.5	350
10～11	5.5	450	5.5	450
12～14	7.5	650	6.0	600
15～17	7.5	750	6.0	650
18～29	6.5	800	6.0	650
30～49	6.5	900	6.0	700
50～69	6.5	850	6.0	700
70以上	6.5	750	6.0	650

1　α-トコフェロールについて算定した。α-トコフェロール以外のビタミンEは含んでいない。

● 表 5-4 ● ビタミン K（μg/日）

年齢（歳）	男性 目安量	女性 目安量
1〜2	60	60
3〜5	70	70
6〜7	85	85
8〜9	100	100
10〜11	120	120
12〜14	150	150
15〜17	160	160
18〜29	150	150
30〜49	150	150
50〜69	150	150
70 以上	150	150

● 表 5-5 ● ビタミン B_1（mg/日）[1]

年齢（歳）	男性 推奨量	女性 推奨量
1〜2	0.5	0.5
3〜5	0.7	0.7
6〜7	0.8	0.8
8〜9	1.0	0.9
10〜11	1.2	1.1
12〜14	1.4	1.3
15〜17	1.5	1.2
18〜29	1.4	1.1
30〜49	1.4	1.1
50〜69	1.3	1.0
70 以上	1.2	0.9

[1] 身体活動レベルⅡの推定エネルギー必要量を用いて算定した。
特記事項：推定平均必要量は，ビタミン B_1 の欠乏症である脚気を予防するに足る最小必要量からではなく，尿中にビタミン B_1 の排泄量が増大し始める摂取量（体内飽和量）から算定。

● 表 5-6 ● ビタミン B_2（mg/日）[1]

年齢（歳）	男性 推奨量	女性 推奨量
1〜2	0.6	0.5
3〜5	0.8	0.8
6〜7	0.9	0.9
8〜9	1.1	1.0
10〜11	1.4	1.3
12〜14	1.6	1.4
15〜17	1.7	1.4
18〜29	1.6	1.2
30〜49	1.6	1.2
50〜69	1.5	1.1
70 以上	1.3	1.1

[1] 身体活動レベルⅡの推定エネルギー必要量を用いて算定した。
特記事項：推定平均必要量は，ビタミン B_2 の欠乏症である口唇炎，口角炎，舌炎などの皮膚炎を予防するに足る最小摂取量から求めた値ではなく，尿中にビタミン B_2 の排泄量が増大し始める摂取量（体内飽和量）から算定。

● 表 5-7 ● ビタミン B_6（mg/日）[1]

年齢（歳）	男性 推奨量	男性 耐容上限量[2]	女性 推奨量	女性 耐容上限量[2]
1〜2	0.5	10	0.5	10
3〜5	0.6	15	0.6	15
6〜7	0.8	20	0.7	20
8〜9	0.9	25	0.9	25
10〜11	1.2	30	1.2	30
12〜14	1.4	40	1.3	40
15〜17	1.5	50	1.3	45
18〜29	1.4	55	1.2	45
30〜49	1.4	60	1.2	45
50〜69	1.4	55	1.2	45
70 以上	1.4	50	1.2	40

[1] タンパク質食事摂取基準の推奨量を用いて算定した（妊婦・授乳婦の付加量は除く）。
[2] 食事性ビタミン B_6 の量ではなく，ピリドキシンとしての量である。

● 表 5-8 ● ビタミン B_{12}（μg/日）

年齢（歳）	男性 推奨量	女性 推奨量
1〜2	0.9	0.9
3〜5	1.0	1.0
6〜7	1.3	1.3
8〜9	1.5	1.5
10〜11	1.8	1.8
12〜14	2.3	2.3
15〜17	2.5	2.5
18〜29	2.4	2.4
30〜49	2.4	2.4
50〜69	2.4	2.4
70 以上	2.4	2.4

● 表5-9 ● ナイアシン（mg NE/日）[1]

年齢（歳）	男性		女性	
	推奨量	耐容上限量[2]	推奨量	耐容上限量[2]
1〜2	5	60（15）	5	60（15）
3〜5	7	80（20）	7	80（20）
6〜7	9	100（30）	8	100（25）
8〜9	11	150（35）	10	150（35）
10〜11	13	200（45）	12	200（45）
12〜14	15	250（60）	14	250（60）
15〜17	16	300（75）	13	250（65）
18〜29	15	300（80）	11	250（65）
30〜49	15	350（85）	12	250（65）
50〜69	14	350（80）	11	250（65）
70以上	13	300（75）	10	250（60）

NE＝ナイアシン当量＝ナイアシン＋1/60 トリプトファン。
1 身体活動レベルⅡの推定エネルギー必要量を用いて算定した。
2 ニコチンアミドの mg 量，（ ）内はニコチン酸の mg 量。参照体重を用いて算定した。
3 単位は mg/日。

● 表5-10 ● 葉酸（μg/日）[1]

年齢（歳）	男性		女性	
	推奨量	耐容上限量[2]	推奨量	耐容上限量[2]
1〜2	90	200	90	200
3〜5	100	300	100	300
6〜7	130	400	130	400
8〜9	150	500	150	500
10〜11	180	700	180	700
12〜14	230	900	230	900
15〜17	250	900	250	900
18〜29	240	900	240	900
30〜49	240	1,000	240	1,000
50〜69	240	1,000	240	1,000
70以上	240	900	240	900

1 妊娠を計画している女性，または，妊娠の可能性がある女性は，神経管閉鎖障害のリスクの低減のために，付加的に 400 μg/日のプテロイルモノグルタミン酸の摂取が望まれる。
2 サプリメントや強化食品に含まれるプテロイルモノグルタミン酸の量。

● 表5-11 ● パントテン酸（mg/日）

年齢（歳）	男性	女性
	目安量	目安量
1〜2	3	3
3〜5	4	4
6〜7	5	5
8〜9	5	5
10〜11	6	6
12〜14	7	6
15〜17	7	5
18〜29	5	4
30〜49	5	4
50〜69	5	5
70以上	5	5

● 表5-12 ● ビオチン（μg/日）

年齢（歳）	男性	女性
	目安量	目安量
1〜2	20	20
3〜5	20	20
6〜7	25	25
8〜9	30	30
10〜11	35	35
12〜14	50	50
15〜17	50	50
18〜29	50	50
30〜49	50	50
50〜69	50	50
70以上	50	50

● 表5-13 ● ビタミンC（mg/日）

年齢（歳）	男性	女性
	推奨量	推奨量
1〜2	35	35
3〜5	40	40
6〜7	55	55
8〜9	60	60
10〜11	75	75
12〜14	95	95
15〜17	100	100
18〜29	100	100
30〜49	100	100
50〜69	100	100
70以上	100	100

特記事項：推定平均必要量は，壊血病の回避ではなく，心臓血管系の疾病予防効果並びに抗酸化作用効果から算定。

6　ミネラルの食事摂取基準

● 表 6-1 ●　ナトリウム（食塩相当量※ [g/日]）

年齢（歳）	男性 目標量	女性 目標量
1～2	3.0 未満	3.5 未満
3～5	4.0 未満	4.5 未満
6～7	5.0 未満	5.5 未満
8～9	5.5 未満	6.0 未満
10～11	6.5 未満	7.0 未満
12～14	8.0 未満	7.0 未満
15～17	8.0 未満	7.0 未満
18～29	8.0 未満	7.0 未満
30～49	8.0 未満	7.0 未満
50～69	8.0 未満	7.0 未満
70 以上	8.0 未満	7.0 未満

※食塩相当量（g）＝ナトリウム（mg）×2.54÷1000

● 表 6-2 ●　カリウム（mg/日）

年齢（歳）	男性 目標量	女性 目標量
1～2	900	800
3～5	1,100	1,000
6～7	1,300	1,200
8～9	1,600	1,500
10～11	1,900	1,800
12～14	2,400	2,200
15～17	2,800	2,100
18～29	2,500	2,000
30～49	2,500	2,000
50～69	2,500	2,000
70 以上	2,500	2,000

● 表 6-3 ●　カルシウム（mg/日）

年齢（歳）	男性 推奨量	男性 耐容上限量	女性 推奨量	女性 耐容上限量
1～2	450	—	400	—
3～5	600	—	550	—
6～7	600	—	550	—
8～9	650	—	750	—
10～11	700	—	750	—
12～14	1,000	—	800	—
15～17	800	—	650	—
18～29	800	2,500	650	2,500
30～49	650	2,500	650	2,500
50～69	700	2,500	650	2,500
70 以上	700	2,500	650	2,500

● 表 6-4 ●　マグネシウム[1]（mg/日）

年齢（歳）	男性 推奨量	女性 推奨量
1～2	70	70
3～5	100	100
6～7	130	130
8～9	170	160
10～11	210	220
12～14	290	290
15～17	360	310
18～29	340	270
30～49	370	290
50～69	350	290
70 以上	320	270

1　通常の食品以外からの摂取量の耐容上限量は成人の場合 350 mg/日，小児では 5 mg/kg 体重/日とする。それ以外の通常の食品からの摂取の場合，耐容上限量は設定しない。

● 表6-5 ● リン (mg/日)

年齢(歳)	男性		女性	
	目安量	耐容上限量	目安量	耐容上限量
1~2	500	—	500	—
3~5	800	—	600	—
6~7	900	—	900	—
8~9	1,000	—	900	—
10~11	1,100	—	1,000	—
12~14	1,200	—	1,100	—
15~17	1,200	—	900	—
18~29	1,000	3,000	800	3,000
30~49	1,000	3,000	800	3,000
50~69	1,000	3,000	800	3,000
70以上	1,000	3,000	800	3,000

● 表6-7 ● 亜鉛 (mg/日)

年齢(歳)	男性		女性	
	推奨量	耐容上限量	推奨量	耐容上限量
1~2	3	—	3	—
3~5	4	—	4	—
6~7	5	—	5	—
8~9	6	—	5	—
10~11	7	—	7	—
12~14	9	—	8	—
15~17	10	—	8	—
18~29	10	40	8	35
30~49	10	45	8	35
50~69	10	45	8	35
70以上	9	40	7	35

● 表6-6 ● 鉄 (mg/日)[1]

年齢(歳)	男性		女性		
	推奨量	耐容上限量	月経なし 推奨量	月経あり 推奨量	耐容上限量
1~2	4.5	25	4.5	—	20
3~5	5.5	25	5.0	—	25
6~7	6.5	30	6.5	—	30
8~9	8.0	35	8.5	—	35
10~11	10.0	35	10.0	14.0	35
12~14	11.5	50	10.0	14.0	50
15~17	9.5	50	7.0	10.5	40
18~29	7.0	50	6.0	10.5	40
30~49	7.5	55	6.5	10.5	40
50~69	7.5	50	6.5	10.5	40
70以上	7.0	50	6.0	—	40

1 過多月経(経血量が80 mL/回以上)の人を除外して策定した。

● 表6-8 ● 銅 (mg/日)

年齢（歳）	男　性		女　性	
	推奨量	耐容上限量	推奨量	耐容上限量
1～2	0.3	—	0.3	—
3～5	0.4	—	0.4	—
6～7	0.5	—	0.5	—
8～9	0.6	—	0.5	—
10～11	0.7	—	0.7	—
12～14	0.8	—	0.8	—
15～17	1.0	—	0.8	—
18～29	0.9	10	0.8	10
30～49	1.0	10	0.8	10
50～69	0.9	10	0.8	10
70以上	0.9	10	0.7	10

● 表6-9 ● マンガン (mg/日)

年齢（歳）	男　性		女　性	
	目安量	耐容上限量	目安量	耐容上限量
1～2	1.5	—	1.5	—
3～5	1.5	—	1.5	—
6～7	2.0	—	2.0	—
8～9	2.5	—	2.5	—
10～11	3.0	—	3.0	—
12～14	4.0	—	4.0	—
15～17	4.5	—	3.5	—
18～29	4.0	11	3.5	11
30～49	4.0	11	3.5	11
50～69	4.0	11	3.5	11
70以上	4.0	11	3.5	11

● 表6-10 ● ヨウ素 (μg/日)

年齢（歳）	男　性		女　性	
	推奨量	耐容上限量	推奨量	耐容上限量
1～2	50	250	50	250
3～5	60	350	60	350
6～7	75	500	75	500
8～9	90	500	90	500
10～11	110	500	110	500
12～14	140	1,200	140	1,200
15～17	140	2,000	140	2,000
18～29	130	3,000	130	3,000
30～49	130	3,000	130	3,000
50～69	130	3,000	130	3,000
70以上	130	3,000	130	3,000

● 表6-11 ● セレン (μg/日)

年齢（歳）	男　性		女　性	
	推奨量	耐容上限量	推奨量	耐容上限量
1～2	10	80	10	70
3～5	15	110	10	110
6～7	15	150	15	150
8～9	20	190	20	180
10～11	25	240	25	240
12～14	30	330	30	320
15～17	35	400	25	350
18～29	30	420	25	330
30～49	30	460	25	350
50～69	30	440	25	350
70以上	30	400	25	330

● 表6-12 ● クロム（μg/日）

年齢（歳）	男性 目安量	女性 目安量
1〜2	—	—
3〜5	—	—
6〜7	—	—
8〜9	—	—
10〜11	—	—
12〜14	—	—
15〜17	—	—
18〜29	10	10
30〜49	10	10
50〜69	10	10
70以上	10	10

● 表6-13 ● モリブデン（μg/日）

年齢（歳）	男性 推奨量	男性 耐容上限量	女性 推奨量	女性 耐容上限量
1〜2	—	—	—	—
3〜5	—	—	—	—
6〜7	—	—	—	—
8〜9	—	—	—	—
10〜11	—	—	—	—
12〜14	—	—	—	—
15〜17	—	—	—	—
18〜29	25	550	20	450
30〜49	30	550	25	450
50〜69	25	550	25	450
70以上	25	550	20	450

以上1〜6，出典：厚生労働省『日本人の食事摂取基準［2015年版］』より

7 メタボリックシンドロームの診断基準

● 表7-1 ● 15歳以上におけるメタボリックシンドロームの診断基準

内臓脂肪（腹腔内脂肪）蓄積	
ウエスト周囲径	男性 ≧ 85 cm 女性 ≧ 90 cm
（内臓脂肪面積　男女とも ≧ 100 cm² @に相当）	
上記に加え以下のうち2項目以上	
高トリグリセライド血症 かつ／または 低HDLコレステロール血症	≧ 150 mg/dl <40 mg/dl 男女とも
低縮期血圧 かつ／または 拡張期血圧	≧ 130 mmHg ≧ 85 mmHg
空腹時高血糖	≧ 110 mg/dl

＊CTスキャンなどで内臓脂肪量測定を行うことが望ましい．
＊ウエスト径は立位，軽呼気時，臍レベルで測定する。脂肪蓄積が著明で臍が下方に偏位している場合は肋骨下縁と前上腸骨棘の中点の高さで測定する．
＊メタボリックシンドロームと診断された場合，糖負荷試験が薦められるが診断には必須ではない．
＊高TG血症，低HDL-C血症，高血圧，糖尿病に対する薬剤治療をうけている場合は，それぞれの項目に含める．
＊糖尿病，高コレステロール血症の存在はメタボリックシンドロームの診断から除外されない．
出典：メタボリックシンドローム診断基準検討委員会「メタボリックシンドロームの定義と診断基準」『日本内科学会雑誌』94（4），2005年，p.797

● 表7-2 ● 小児メタボリックシンドローム診断基準（6歳〜15歳）
（平成22年度改訂版）

(1)	腹囲		80 cm 以上[*1]
(2)	血清脂質	トリグリセリド かつ／または HDLコレステロール	120 mg/dl 以上[*2] 40 mg/dl 未満
(3)	血圧	収縮期血圧 かつ／または 拡張期血圧	125 mmHg 以上 70 mmHg 以上
(4)	空腹時血糖		100 mg/dl 以上[*2]

(1) があり，(2)〜(4) のうち2項目を有する場合に診断する。
[*1]：腹囲／身長が0.5以上であれば項目（1）に該当するとする。小学生では腹囲75 cm以上で項目（1）に該当するとする。
[*2]：採血が食後2時間以降である場合はトリグリセリド150 mg/dl 以上，血糖100 mg/dl 以上を基準としてスクリーニングを行う（この食後基準値を超えている場合には空腹時採血により確定する）。

資料：大関武彦，中川祐一，中西敏樹，ほか。日本人小児のメタボリックシンドローム診断基準。厚生労働省科学研究費補助金循環器疾患等生活習慣病対策総合研究事業　小児期メタボリック症候群の概念・病態・診断基準の確立及び効果的介入に関するコホート研究。平成17〜19年度総合研究報告書。2008。pp.88-91。
出典：土橋一重「学童の肥満と肥満症」『昭和士会雑誌』73，2013年，p.291

8　肥満度の求め方

● 表 8-1 ●　肥満度の求め方

肥満度（過体重度）
　＝〔実測体重（kg）－身長別標準体重（kg）〕／身長別標準体重（kg）×100（％）

※　身長別標準体重（kg）＝a×実測身長（cm）－b

係数 年齢	男		女	
	a	b	a	b
5	0.386	23.699	0.377	22.75
6	0.461	32.382	0.458	32.079
7	0.513	38.878	0.508	38.367
8	0.592	48.804	0.561	45.006
9	0.687	61.390	0.652	56.992
10	0.752	70.461	0.730	68.091
11	0.782	75.106	0.803	78.846
12	0.783	75.642	0.796	76.934
13	0.815	81.348	0.655	54.234
14	0.832	83.695	0.594	43.264
15	0.766	70.989	0.560	37.002
16	0.656	51.822	0.578	39.057
17	0.672	53.642	0.598	42.339

出典：公益財団法人日本学校保健会「児童生徒の健康診断マニュアル（改訂版）」平成 18 年

● 表 8-2 ●　平成 26 年度調査の平均身長の場合の標準体重（参考）

年齢	男			女		
	平均身長 （cm）	平均身長時 の標準体重 （kg）	平均体重 （kg）	平均身長 （cm）	平均身長時 の標準体重 （kg）	平均体重 （kg）
5	110.3	18.9	18.9	109.5	18.5	18.5
6	116.5	21.3	21.3	115.5	20.8	20.8
7	122.4	23.9	24.0	121.5	23.4	23.4
8	128.0	27.0	27.0	127.4	26.5	26.4
9	133.6	30.4	30.4	133.4	30.0	29.8
10	138.9	34.0	34.0	140.1	34.2	34.0
11	145.1	38.4	38.4	146.8	39.1	39.0
12	152.5	43.8	44.0	151.8	43.9	43.6
13	159.7	48.8	48.8	154.8	47.2	47.2
14	165.1	53.6	53.9	156.4	49.6	50.0
15	168.3	57.9	58.9	157.0	50.9	51.4
16	169.8	59.6	60.7	157.6	52.0	52.4
17	170.7	61.0	62.6	157.9	52.1	52.9

出典：文部科学省「平成 26 年度学校保健統計調査結果の概要」p.26

● 重 要 語 句 集 ●

● ア 行

アイソトニック飲料……………………155
アデノシン三リン酸（ATP）……………49
アトウォーターの係数……………………49
アミノ酸……………………………18, 45
　──の補足効果…………………………20
アミノ酸価…………………………………20
アミノ酸評点パターン……………………20
アミノ酸プール……………………………18
α-アミラーゼ……………………………37
アレルゲン……………………………………5
安静時代謝量（RMR）……………………52

イオン交換能………………………………28
胃─結腸反射………………………………43
胃酸…………………………………………37
一価不飽和脂肪酸…………………………69
胃内滞留時間………………………………40
インスリン……………………………14, 39
インピーダンス法…………………………83

ウエイトコントロール…………………86, 131
ウエスト周囲長……………………………80
内食……………………………………………2
運動性貧血…………………………………16
運動性無月経……………………………125
運動前後の体重測定……………………153
運動療法……………………………………87

永久歯………………………………………36
栄養…………………………………………12
栄養機能食品………………………………32
栄養機能表示………………………………32
栄養サポート……………………………128
栄養成分表示…………………………3, 156
栄養素………………………………………12
栄養評価…………………………………102
栄養密度……………………………………98
エクササイズガイド2006…………………59
n-3系脂肪酸………………………………70

n-6系脂肪酸………………………………70
エネルギーアベイラビリティー………123
エネルギー換算係数………………………49
エネルギー産生栄養素……………………12
エネルギー産生栄養素バランス……16, 96
エネルギー消費量…………………………51
　──の推定………………………………95
エネルギー代謝……………………………48
エネルギーバランス………………95, 138
エネルギー比率（％E）…………………70
エピペン®……………………………………6
mRNA………………………………………19
嚥下…………………………………………40
嚥下運動……………………………………37
塩酸…………………………………………37

オフ（休養）期…………………………109
オリゴ糖……………………………………27

● カ 行

外食……………………………………………2
回腸…………………………………………38
化学的消化…………………………………36
化学的評価法………………………………20
嵩形成能……………………………………28
過剰症………………………………………12
過食…………………………………………81
加速度計法…………………………………58
顎下腺………………………………………37
学校生活管理指導表（アレルギー疾患用）……6
活性酸素………………………………22, 29
活動代謝量（PAEE）……………………53
カリウム……………………………………25
カルシウム…………………………………23
カルシウム濃度…………………………107
カロリー（cal）…………………………48
肝グリコーゲン……………………………97
汗腺の発達………………………………150

機械的消化…………………………………35
期限表示………………………………………3

基礎代謝基準値	52, 69
基礎代謝量（BMR）	52
機能性脂質	15
機能性表示食品	30
機能性成分	12, 26
機能鉄	25
キモトリプシン	39
QOL	1
吸着性	28
競技特性	154
強調表示	4
キロカロリー（kcal）	48
筋グリコーゲン	97
筋グリコーゲン量	113

空気置換法	84
空腸	38
空腹時血糖	14
グリコーゲン	13, 50
グリコーゲンローディング	114
グリセミック・インデックス（GI）	14, 111
グルカゴン	39
グルコース	50
グルタチオンペルオキシダーゼ	25
クレアチンリン酸（PCr）	50
クレアチンローディング	110

月経異常	125
月経障害	106, 123
血清鉄	122
血清フェリチン	122
血中ヘモグロビン濃度	122
結腸	38
血糖	13
血糖値	14
欠乏症	12
健康づくりのための運動基準2006	59
健康づくりのための身体活動基準2013	59
健康づくりのための身体活動指針	59
健康日本21（第二次）	59

抗酸化酵素	26
抗酸化作用	72
抗酸化性	22
抗酸化性物質	22, 29

抗酸化ビタミン	22
構造的役割	148
高糖質食	111
行動変容ステージ（段階）モデル	8, 88
行動療法	87
骨密度	106
五大栄養素	12
骨塩量	126
骨吸収	107, 126
骨障害	123
骨粗しょう症	106
骨密度の低下	106
骨量	106

● サ 行

臍囲	80
最大骨量	106
細胞間伝達作用	72
細胞側路	42
細胞路	42
サプリメント	72
酸化ストレス	29
三主徴	123
酸素摂取量	53
三大アレルゲン	5
三大栄養素	12

試合期	109
耳下腺	37
時間栄養学	84
脂質	13, 44
湿度が高い	153
脂肪	13
脂肪組織	83, 132
十二指腸	38
絨毛	38
ジュール（J）	48
主菜	86
主食	86
受動輸送	42
消化管	35
消化酵素	37
衝撃吸収	148
脂溶性ビタミン	20
小腸	38

消費期限	3	生物学的評価法	19
賞味期限	3	生理的燃焼値	49
正味タンパク質利用率	20	舌下腺	37
食行動質問表	88	赤血球数	122
食事記録	88	摂食障害	123, 124
食事設計	1	摂食中枢	46
食事摂取基準	65	セレン	25
食事バランスガイド	76	ぜん動運動	37, 41
食事誘発性体熱産生（食事誘導性熱産生・DIT）	52, 85	総エネルギー消費量	51
食事量	101	続発性無月経	123, 125
食事療法	87	ソマトスタチン	39

● タ 行

食品構成	99	第一次機能	26
食品構成表	75	第一制限アミノ酸	20
食品表示法	3	体温調節	148
（食物）アレルギー表示	3, 5	体温保持	148
食物依存性運動誘発アナフィラキシー	8, 127	第三次機能	26
食物繊維	13, 27	体脂肪	134
除脂肪組織	83	体脂肪率	83, 132
除脂肪体重（LBM）	132	体脂肪量	15
暑熱環境	150	体重管理	86
暑熱順化	150	体重減少	153
身体活動量	1, 128	体重日記	88
身体活動レベル（PAL）	61, 69, 73	大腸	38
身体適応障害	151	体調管理	154
浸透圧	155	第二次機能	26
膵液	38, 39	耐容上限量（UL）	67, 72
推奨量（RDA）	67	代理摂食	88
水中体重秤量法	83	多価不飽和脂肪酸	69
推定エネルギー必要量	69	ダグラスバッグ法	56
推定平均必要量（EAR）	66, 71, 72	胆汁	38
水分の補給	115	胆汁酸	39
水分補給量	116	胆汁色素	39
水溶性食物繊維	28	単純脂質	14
水溶性ビタミン	20	炭水化物	13
スーパーオキシドジスムターゼ	25	タンパク質	45
スポーツ栄養学	1	タンパク質推奨量	71, 104
スポーツ栄養マネジメント	128	タンパク質推定平均必要量算定	104
スポーツドリンク	155	タンパク質の推奨量算定係数	104
生活時間調査法	57	タンパク質の耐容上限量	104
生活習慣病	13, 85	窒素出納維持量	71
制限アミノ酸	20	窒素出納法	71
生物学的消化	36		

重要語句集 171

腸内細菌叢 43
貯蔵鉄 25

DXA法 84
DNA 18
TCA回路 50
低血糖症状 97
低糖質食 111
鉄 25

銅 25
動作強度（Af） 53, 58
糖質 13
糖質摂取量 116
糖分濃度 155
特定原材料 5
　　——に準じる食品 5
特定保健用食品（トクホ） 30
トランスフェリン濃度 122
トリアシルグリセロール 44
トリプシン 39
トレーニング期 109
トレーニングスケジュール 101

● ナ 行

内臓脂肪型肥満 80
中食 2
ナトリウム 25
難消化性多糖類 27

二重標識水法（DLW法） 57, 69
日内リズム 46
日本型食生活 86
日本人の栄養所要量 65
日本肥満学会 82
乳歯 36
乳頭 36

熱けいれん 151
熱失神 152
熱射病 151
熱中症 151
熱疲労 151
粘性 28

能動輸送 42

● ハ 行

ハイパートニック飲料 155
ハイポトニック飲料 155
発汗量 116
発酵性 28

PFCバランス 16, 96
BMI 68, 82
皮下脂肪型肥満 80
微絨毛膜 38
ビタミン強化食品 72
必須アミノ酸 18
非ヘム鉄 122
肥満 80
　　——の判定基準 82
肥満症 80
ヒューマンカロリメーター法 56
ビリルビン 39
疲労骨折 126
貧血 121

ファストフード 82
Female Athlete Triad 123
フードファディズム 32
複合脂質 14
副菜 87
物質運搬 148
物質溶解 148
物理的燃焼値 48
不溶性食物繊維 28
ブレス-バイ-ブレス法 57
プロチェスカ 88
分岐鎖アミノ酸 16
分食 141
分節運動 41

ペプシノーゲン 37
ペプシン 40
ペプチド 45
ヘマトクリット値 122
ヘム鉄 122
ヘモグロビン 25
偏食 8

飽和脂肪酸	69
保健機能食品	30
補酵素	20
補食	97
保水性	28

● マ 行

膜消化	41
マグネシウム	24
満腹中枢	46
みえない脂質	15
みえる脂質	15
ミオグロビン	25
味細胞	36
ミセル	45
味蕾	36
mOsm/L	155
メタボリックチャンバー法	56
METs	53
メディカルチェック	136
目安量（AI）	67
盲腸	38
目標量（DG）	67
モニタリング	95

● ヤ 行

有意差	105
誘導脂質	14
輸送担体	42

● ラ 行

ランゲルハンス島	39
リポタンパク質	15
Relative Energy Deficiency in Sports（REDs）	124
リン	24
ルミナコイド	27
レジスタントスターチ	27

重要語句集　173

〈著者紹介〉　　＊印編著者，執筆順

＊井奥　加奈（いおく　かな）　　第1章，第2章1節～3節・5節
　　1992年　大阪市立大学大学院生活科学研究科後期博士課程食品栄養科学専攻中退（博士［学術］）
　　現　在　大阪教育大学教育学部教授
　　［主要著作］
　　『スポーツ栄養学』（共著）嵯峨野書院，2005年
　　『やさしいスポーツ医科学の基礎知識』（共著），嵯峨野書院，2016年

　清瀬　千佳子（きよせ　ちかこ）　　第2章4節
　　1995年　お茶の水女子大学大学院人間文化研究科人間環境学専攻修了（博士［学術］）
　　現　在　神奈川工科大学応用バイオ科学部栄養生命科学科教授
　　［主要著作］
　　『スポーツ栄養学』（共著）嵯峨野書院，2005年
　　『食べ物と健康――食品の栄養成分と加工』（共著）同文書院，2014年
　　『食育・食生活論』（共著）講談社サイエンティフィク，2011年

　篠原　久枝（しのはら　ひさえ）　　第3章
　　1985年　東京大学大学院医学系研究科保健学専門課程修了
　　1994年　大阪市立大学（博士［学術］）
　　現　在　宮崎大学教育学部准教授
　　［主要著作］
　　『スポーツ栄養学』（共著）嵯峨野書院，2005年
　　『食育・食生活論』（共著）講談社サイエンティフィク，2011年
　　『児童学事典』（共著）丸善，2016年

　鉄口　宗弘（てつぐち　むねひろ）　　第4章
　　1998年　大阪市立大学大学院後期博士課程生活科学科栄養生理学専攻修了（博士［学術］）
　　現　在　大阪教育大学教育学部准教授
　　［主要著作］
　　『スポーツ栄養学』（共著）嵯峨野書院，2005年
　　『スポーツ生理学』（共著）嵯峨野書院，2002年

　吉内　佐和子　（よしうち　さわこ）　　第5章
　　2012年　大阪市立大学大学院生活科学研究科後期博士課程栄養医科学専攻修了（博士［学術］）
　　現　在　関西医科大学附属病院　管理栄養士
　　［主要著作］
　　『臨床栄養学――傷病者，要支援者，要介護者，障がい者への栄養ケア・マネジメント』（共著）
　　　医歯薬出版，2013年
　　『心臓リハビリテーション』（共著）医歯薬出版，2013年
　　『臨床栄養学』（共著）南江堂，2014年

東根　裕子　（ひがしね　ゆうこ）　第6章
　2003年　大阪教育大学大学院教育学研究科健康科学専攻修了（修士［学術］）
　現　　在　大阪青山大学健康科学部健康栄養学科教授
　［主要著作］
　『調理学』（共著）講談社サイエンティフィク，2000年
　『応用栄養学』（共著）朝倉書店，2009年
　『新版　トータルクッキング　健康のための調理実習』（共著）講談社，2015年

村田　浩子　（むらた　ひろこ）　第7章，第8章
　2012年　日本女子体育大学大学院スポーツ科学研究科修士課程修了
　現　　在　早稲田大学大学院スポーツ科学研究科博士後期課程在学中
　　　　　　管理栄養士，公認スポーツ栄養士
　［主要著作］
　『スポーツ栄養学』（共著）嵯峨野書院，2005年
　『スマート栄養管理術１２３』（共著）医歯薬出版，2014年

新・スポーツ栄養学〈やさしいスチューデントトレーナーシリーズ　5〉　≪検印省略≫

2016年7月20日　第1版第1刷発行

監　　修　一般社団法人　メディカル・フィットネス協会
編著者　井奥加奈
発行者　前田　茂
発行所　嵯峨野書院

〒615-8045　京都市西京区牛ヶ瀬南ノ口町39　電話(075)391-7686　振替 01020-8-40694

©Medical Fitness Association, 2016　　　　　　　創栄図書印刷・藤原製本

ISBN978-4-7823-0555-3

Ⓡ〈日本複写権センター委託出版物〉
本書の全部または一部を無断で複写複製（コピー）することは、著作権法上での例外を除き、禁じられています。本書からの複写を希望される場合は、日本複写権センター（03-3401-2382）にご連絡ください。

◎本書のコピー、スキャン、デジタル化等の無断複製は著作権法上での例外を除き禁じられています。本書を代行業者等の第三者に依頼してスキャンやデジタル化することは、たとえ個人や家庭内の利用でも著作権法違反です。

やさしい スチューデント トレーナー シリーズ

1 スポーツ社会学
八木田恭輔 編
B5・並製・114頁・定価（本体1900円＋税）

- 第1章　社会体育の基本的な考え方
- 第2章　スポーツと社会
- 第3章　スポーツと文化
- 第4章　スポーツ組織活動
- 第5章　地域とスポーツ活動

2 新スポーツ心理学
伊達萬里子 編
B5・並製・198頁・定価（本体2600円＋税）

- 第1章　スポーツ心理学の内容
- 第2章　スポーツスキルの制御と学習
- 第3章　スポーツスキルの効果的な学習法
- 第4章　スポーツの動機づけ
- 第5章　スポーツと発達
- 第6章　スポーツ集団の構造と機能
- 第7章　スポーツマンの性格と態度
- 第8章　スポーツと心の健康
- 第9章　スポーツにおける「あがり」
- 第10章　スポーツカウンセリング
- 第11章　コーチングの心理

3 スポーツ生理学
三村寛一 編
B5・並製・134頁・定価（本体2200円＋税）

- 第1章　身体の構造
- 第2章　身体の機能
- 第3章　スポーツトレーニング
- 第4章　トレーニングに伴う効果
- 第5章　バイオメカニクス
- 第6章　筋力トレーニングの基礎
- 第7章　トレーニング環境の整備とその活用について
- 第8章　ナショナルチームづくりとその競技力アップトレーニング計画
- 第9章　海外遠征の諸問題とその対応

4 新スポーツ医学
藤本繁夫・大久保衞 編
B5・並製・234頁・定価（本体2700円＋税）

- 第1章　スポーツ医学とは
- 第2章　スポーツと健康
- 第3章　スポーツ選手の健康管理
- 第4章　スポーツに起こりやすい病気と内科的障害
- 第5章　生活習慣病とスポーツ
- 第6章　特殊環境下でのスポーツ障害とその予防
- 第7章　スポーツ選手に起こりやすい外傷・障害（整形外科系）とその予防
- 第8章　スポーツ外傷・障害後のトレーニング
- 第9章　コンディショニング
- 第10章　遠征でのスポーツ医学
- 第11章　スポーツと嗜好品，サプリメント，薬物
- 第12章　救急処置

5 新スポーツ栄養学
井奥加奈 編
B5・並製・188頁・定価（本体2600円＋税）

- 第1章　食事設計と健康
- 第2章　栄養と運動
- 第3章　栄養素の消化・吸収
- 第4章　エネルギー代謝と身体活動
- 第5章　日本人の食事摂取基準
- 第6章　肥満と身体組成
- 第7章　スポーツのための食事学──中学・高校生の成長期のアスリートに向けて
- 第8章　水分補給

6 スポーツ指導論
三村寛一 編
B5・並製・134頁・定価（本体2100円＋税）

- 第1章　スポーツ指導の意義と目標
- 第2章　トレーニング計画とその様式
- 第3章　指導段階とその設定
- 第4章　指導形態と適正人数
- 第5章　指導施設の選択と用具の準備
- 第6章　指導計画作成の実際

7 アスレティック・リハビリテーション
小柳磨毅 編
B5・並製・216頁・定価（本体2850円＋税）

- 第1章　アスレティック・リハビリテーション総論
- 第2章　部位・疾患別リハビリテーション
- 第3章　競技特性とリハビリテーション

8 コンディショニング
小柳磨毅 編
B5・並製・148頁・定価（本体2300円＋税）

- 第1章　コンディショニング
- 第2章　ストレッチングの実際
- 第3章　PNFの実際
- 第4章　関節モビリゼーションの実際
- 第5章　スポーツマッサージの実際
- 第6章　アイシングの実際
- 第7章　コンディショニングのための測定法

9 テーピング
髙木信良 編
B5・並製・110頁・定価（本体2200円＋税）

- 第1章　テーピングとは
- 第2章　テーピングを実施する前に
- 第3章　テーピングの基本テクニック
- 第4章　基本となる巻き方
- 第5章　応急手当のテーピング
- 第6章　再発予防のテーピング